外研社 · 高等院校西班牙语专业课

现代西班牙语
ESPAÑOL MODERNO

阅读教程
Libro de Lectura

主　　编：郑书九
本册编者：郑书九 郑雯

外语教学与研究出版社
北京

图书在版编目 (CIP) 数据

现代西班牙语阅读教程. 2 / 郑书九主编 ; 郑书九, 郑雯编. — 北京 : 外语教学与研究出版社, 2013.5 (2017.12 重印)
(现代西班牙语系列)
ISBN 978-7-5135-3137-5

Ⅰ. ①现… Ⅱ. ①郑… ②郑… Ⅲ. ①西班牙语－阅读教学－高等学校－教材 Ⅳ. ①H349.4

中国版本图书馆 CIP 数据核字 (2013) 第 105775 号

出 版 人　蔡剑峰
责任编辑　李　丹
执行编辑　崔　达
装帧设计　孙敬沂
出版发行　外语教学与研究出版社
社　　址　北京市西三环北路 19 号 (100089)
网　　址　http://www.fltrp.com
印　　刷　北京京师印务有限公司
开　　本　787×1092　1/16
印　　张　17.5
版　　次　2013 年 6 月第 1 版 2017 年 12 月第 7 次印刷
书　　号　ISBN 978-7-5135-3137-5
定　　价　42.00 元 (附赠 MP3 光盘一张)

购书咨询: (010) 88819926　电子邮箱: club@fltrp.com
外研书店: https://waiyants.tmall.com
凡印刷、装订质量问题, 请联系我社印制部
联系电话: (010) 61207896　电子邮箱: zhijian@fltrp.com

物料号: 231370001

前 言

三年前，外语教学与研究出版社决定编写一套面向高等院校西班牙语专业的系列教材——“**现代西班牙语系列教材**”，我与几位年轻教师有幸承担了其中《**现代西班牙语阅读教程**》的编写。为了使教程能博采众长、后出转精，我们仔细研究了国内已出版的西班牙语阅读教材并广泛吸纳其他语种阅读教程的编写理念与功能、板块设计。英语教材总主编杨利民、俄语教材主编史铁强及法语教材主编马晓宏等老师也为我们贡献了很多非常宝贵的意见及建议。正因为有这些成功教材的编写经验作借鉴，我们的阅读教程才能如此顺利地完成编写并且有自己的特色。

《**现代西班牙语阅读教程**》一共四册，是为高等院校西班牙语专业第一学年下学期至第三学年上学期的阅读课程设计编写的。第一册至第三册内容广泛，涵盖诸多方面与领域；第四册全部为精选的文学篇章，为后面即将开设的文学课程做一些准备与铺垫。考虑到各个院校每学期授课周数不同（多者18周以上，少者16周），我们设计每册20个单元，四册一共80个单元。任课教师可以根据自己学校的实际情况有一定的选择空间，比如每学期可以选择16-18个单元授课，其余单元可让学生自学。有些院校的阅读课程设置如果延续至三年级下学期，也可按顺序教授四册的全部单元。

《高等学校西班牙语专业基础阶段教学大纲》指出：“只有大量接触语言材料以丰富自己的语言知识，增加词语积累，增加对语言规律的认识和对语言整体性的理解，才能有效提高说写表达能力。必须加大听、读量，提供大量语言材料，说与写才能有丰富的资源。”《**现代西班牙语阅读教程**》的编写，力图贯彻大纲的这一思想，特别强调了语篇可读性与思想性的结合以及内容的循序渐进，注重学生阅读能力的培养与阅读速度的提高。在本教程的编写过程中，我们始终遵循了以下原则：

取材多样。阅读教材能否成功，能否受到任课教师与学生的欢迎，首先取决于阅读材料的选取。我们花费了两年半时间做前期准备工作，收集的素材林林总总，多达上千篇。入选的语篇，既有与历史、文化、风俗等相关的内容，也有反映现代科技进步、环境保护等当代社会所关注的题材，同时寓言、童话、小说、诗歌、戏剧等各种文学形式尽可能兼顾。我们并未拘泥于西班牙语国家的传统文化典籍，还适当选入《伊索寓言》、《格林童话》以及阿拉伯国家、亚洲国家等世界文学经典中一些脍炙人口的名篇。

可读性与思想性结合。学生是否喜欢一部教材，是否有兴趣阅读并从中受益，是衡量教材优劣的关键。在阅读内容与题材的选择上，我们优先考虑入选语篇的可读性。事实上，由于前期准备工作比较充分，这个问题解决得较为顺畅。在此基础上，我们兼顾题材的思想性，即所有入选篇目的思想内容都应当健康向上、启迪智慧、符合现代社会共同的价值观。我们认为，一篇好的阅读课文，应该教师好教、学生乐学，知识性和趣味性兼具、可读性与思想性并重。

语言典范。作为西班牙语专业阅读教程，语言的典范是必须要考虑的因素。本教程的阅读材料多取自国外原版教材或读物，语言纯正、精练，以便学生能够读到活生生的、典范的西班牙语文章。考虑到西班牙本土的西班牙语与拉美的西班牙语之间存在差异，以及学生毕业后的工作对象不尽相同，我们在选材及编写时尽可能保留入选语篇的原汁原味，同时尽可能地兼顾不同地区在语言使用上的某些特点。

循序渐进。循序渐进的原则毋庸置疑，但要将其具体落实到每个单元、每篇课文并非易事。为了避免篇章难易程度的跳跃以及题材的重复，我们将全部素材集中在一起，由教程主编按照篇章的长短、难易、题材等因素统筹考虑，初步选定每册及每个单元的素材。然后征求其他编者的意见，确定每个单元的内容以及每册20个单元的次序。之后，邀请若干所院校教授阅读课程的教师以及有阅读教材编写经验的多位教师，帮助审读每册选定的素材。我们在认真听取大家意见的基础上进行调整修改，依照难易程度重新排序，最终确定每个单元及每册的内容。各册之间课文的长短、难易，题材的选择，都体现了由浅入深、循序渐进的原则。

强化阅读属性。在语言学习过程中，每门课程承担不同的功能，具有不同的属性。阅读教程应当突出阅读属性，即解决学生阅读西班牙语原文的兴趣、理解力、速度与强度等问题。为了避免将阅读教程变为“第二精读”，我们特意在每个单元的必读篇章前设计了思考题，篇章后设有帮助学生理解文章内容的练习及思考题，强调学生对所读文章的总体理解和把握，以提高他们的阅读能力与兴趣。

拓展阅读。我国的西班牙语教育在进入21世纪后出现了跳跃式发展，但各院校西语教师学术水平迥异、生源参差不齐等问题也随之而来。能否编出一套可供教师及学生使用的具有一定拓展功能的阅读教程，对编写者是一个挑战。为了使教程具有拓展性，我们设计每个单元由五个篇章构成：前三个篇章为“必读篇”，提供词汇表及脚注，并且配有少量练习与思考题，形式以口头回答为主；后两个篇章为“选读篇”，仅提供词汇表。任课教师可根据学生实际情况确定是否教授“选读篇”，水平高、阅读能力强的学生也可自主进行选择，从而为那些有能力、有精力并希望阅读更多内容的学生提供了发展空间。

听读全面提高。考虑到现代教学技术及教学手段的发展，以及学生拥有越来越先进的视听设备，我们将教程的全部篇章都进行了配乐录音，方便学生碎片化学习。每个单元的首页，我们还精选了一些谚语、成语、短诗、谜语、绕口令等，短则三四句，长则七八行，朗朗上口，易于背诵，又有启迪心智的作用，长此以往的积累一定会对学生的语感及学习兴趣的培养产生正面的影响。

徐蕾、许云鹏、张力、丁波文等有阅读教材编写经验以及教授过阅读课程的老师为本教程的编写贡献了很多宝贵的意见与建议；墨西哥专家卡洛斯·马汀内斯·赵（Carlos Martinez Chitoy）认真审读了全稿。我们谨对上述老师的无私帮助表示诚挚的感谢。由于水平所限，经验不足，本教程肯定存在一些不足之处，希望同行及广大读者提出宝贵意见，我们一定会及时修订使之不断臻于完善。

郑书九

2012年12月18日于八达岭

使用说明

《现代西班牙语阅读教程》第二册供大学西班牙语专业学生二年级第一学期阅读课程使用。经过一年的学习，学生已大致掌握2500个左右的西班牙语词汇。教程编写者对于本册教程的使用作以下说明与建议，供任课教师与学生参考。

教学单元。考虑到学生学习能力与水平的差异，本教程在设计时仍采用了弹性的、可拓展的单元结构。本册教程为20个教学单元，每个单元课文内容的平均总词汇量（含单元首页内容）为2200词，比第一册单元平均增加1000个词左右。不同院校可根据本校本学期教学周数选择具体阅读的单元，亦可按照顺序读完全部单元，所余单元可安排下一学期继续阅读。

单元内容。每个单元均为同类内容的五个篇章组成，并冠以相关的单元题目。前三个篇章为必读篇，后两篇为选读篇。必读篇中的课前问题旨在引出文章的主题或与之相关的内容，使学生在随后的阅读中对文章内容有熟悉感。课文中的生词均标为蓝色，课文右侧相应位置为生词在文中的释义，以方便学生准确理解，并且不间断阅读节奏。脚注主要针对课文中出现的复杂语法现象、表达方式、作者信息及其他文化背景给出解释。为培养学生的阅读习惯，我们将比较容易的地方用西语进行注释，复杂之处则用中文注释。

必读篇与选读篇。本册教程必读篇中包含课前思考题、课文、生词释义、脚注以及课后练习；而选读篇则没有课前思考题与课后练习。必读篇是各校学生阅读量的底线，也是授课教师要求学生掌握的基本部分。顾名思义，选读篇属于可选范围，各校教师可根据学生水平、能力以及课时安排等情况决定是否扩大必读范围。从编者角度而言，我们为学生的拓展阅读提供了可能，希望学生尽可能阅读单元内所有篇章。

学生课前阅读。学生应在课前认真阅读所学单元中教师要求的相关篇章。需要读懂篇章的基本内容，掌握基本词汇，就相关篇章的内容等提出疑问并带到课堂解决。阅读时可以试做必读篇后的有关课文理解的练习，以备教师课堂检查。有能力者可自行阅读选读篇章。

教师课堂安排。在学生课前阅读的基础上，教师可利用不少于三分之二的课堂时间用于对学生阅读理解与掌握的检查，包括让学生朗读并讲述课文，通过练习检查学生对课文的理解，结合课文后的思考题让学生做口头表述（学生亦可事先准备），就学生提出的问题答疑解惑等。

练习的处理。编者坚持强调阅读属性的理念，即引导学生将重点放在阅读本身，因此在设计上强调“多读少练”，练习数量少且以口头表达为主。所有练习均围绕课文内容展开，以考查学生对篇章的理解。本册教程中必读篇后的练习设计为四种形式：正误判断题、选择题、排序题与问答题，每篇最多出现其中三种形式。问答题中包括思考题，教师可就此引导学生对课文内容扩展思考讨论。我们希望通过这种设计方式将学生的注意力引向阅读而非做习题，达到阅读的目标。

其他素材使用。编者在每单元首页设计了一个“知识天窗”，选择的谚语、成语、短诗、谜语等，篇幅不长，形式生动活泼。学生可在课下背诵，教师在课堂上亦可利用10分钟左右时间辅导学生背诵相关内容，使学生有一定的语言与知识的积累。

阅读与听力。考虑到现代教学手段的发展，以及学生所拥有的多种媒介，教程的设计和制作者将相关素材配乐录音，制成MP3光盘，随书附送。目的在于将阅读教程与学生听力训练结合起来，也是编者的一种创新与尝试。教程中的“耳机”为录音标识，旁边的编号即对应光盘中的录音编号。教师可鼓励学生多听多读。

开卷有益。当西班牙语学习者翻开这本书时，希望你们能感受到阅读的愉悦，在学习的道路上更进一步！

编者

2013年5月

目 录

ÍNDICE

UNIDAD I

CUENTOS POPULARES (I)

1-0

Dichos y refranes

A la tierra que fueres haz lo que vieres.

——看别人怎么做你就怎么做；入乡随俗。

Amigo en la adversidad es un amigo de verdad.

——患难见真情；路遥知马力，日久见人心。

Amor con amor se paga.

——将心比心；投桃报李。

Al mal tiempo buena cara.

——笑面人生。

A un hombre no se le puede juzgar por las apariencias.

——人不可貌相。

必读篇

1-1 TEXTO 1

JUAN SIN MIEDO

Antes de leer:

1. ¿Tienes miedo por algo?
2. ¿Conoces a alguien que no tema a nada?

En tiempos de Maricastaña① vivía un chico muy valiente. Tan valiente era que le llamaban Juan sin Miedo, ya que no conocía el miedo. Así que, un buen día, decidió ir en su busca.

Anda que andarás②, a todos los que se encontraba por el camino les preguntaba dónde estaba el miedo, pero nadie sabía contestarle. Una noche, Juan encontró a una anciana que le dijo:

—Allá, detrás del puente, hay un enorme castillo. Dicen que en él viven tres gigantes que dejan muertos de miedo a los que consiguen verlos.

castillo *m.* 城堡

—¡Por fin sabré qué es el miedo! —pensó Juan. Y a la mañana siguiente, muy contento, se dirigió al castillo.

Cuando llegó frente a la puerta, esta se abrió: ñiiiic. Lo primero que vio fue una mesa preparada para el almuerzo.

Juan comió de todo lo que había y le entró un terrible

① 马里卡斯塔尼亚是口头传说中的人物，远古的象征。En tiempos de Maricastaña常用在故事开头，意为“很久很久以前”。

② 意为“不管走到哪儿”。

sueño, por lo que se acomodó como pudo y se quedó dormido.

Al poco tiempo, aparecieron los tres gigantes.

—Huele a carne fresca —dijo el primer gigante.

—Huele a chico tierno —añadió el segundo.

—Huele a mocoso joven —agregó el tercero.

Y los tres se dispusieron a buscar a Juan. Pero este, que los había oído, cogió la aceitera de la mesa y derramó el aceite por el suelo. Cada vez que los gigantes querían coger a Juan, resbalaban y caían al suelo. Acabaron tan fatigados que no les quedaron ganas de atraparlo.

La valentía de Juan llegó a oídos del rey, que le concedió la mano de su hija. La boda se celebró por todo lo alto.

Una mañana, Juan dormía como un lirón. No había manera de despertarlo. La princesa, ya harta, cogió un cubo de agua fría y ¡zas!, se lo echó por encima.

—¡Ah, au... auxilio! —gritó Juan—. ¡Por poco me muero de miedo! ¡Vaya susto!

Y así fue como nuestro amigo Juan conoció el miedo. Cuentan que desde aquel día fue feliz.

Y cataplán, cataplín[①], este cuento llegó a su fin.

(336 *palabras*)

acomodarse *prnl.* 就座；安顿好
tierno *adj.* 嫩的；幼小的
mocoso *adj.* 拖鼻涕的；年幼无知的
agregar *tr.* 补充
aceitera *f.* 油瓶
derramar *tr.* 洒出；倒出
fatigado *adj.* 疲倦的，疲惫的
conceder la mano 赐婚；允婚
boda *f.* 婚礼
por todo lo alto 极奢华地
dormir como un lirón 酣睡
princesa *f.* 公主
cubo *m.* 桶
auxilio *m.* 救命

Ejercicios

I. Di si son verdaderas o falsas las siguientes oraciones según el texto. En caso de ser falsas, corrígelas oralmente:

1. (　　) El joven se llamaba Juan sin Miedo porque era muy valiente.

① 常见的儿童故事结尾形式，表示“故事就这样结束了”。

2. (　　) Juan llegó a un castillo donde vivían tres gigantes horribles.
3. (　　) Al entrar en el castillo Juan sentía un poco de miedo.
4. (　　) Juan estaba dormido cuando volvieron los tres gigantes.
5. (　　) El rey concedió la mano de su hija a Juan porque los dos se enamoraron.
6. (　　) Juan era un joven que no tenía miedo por nada.

II. Cuestionario:

1. ¿Por qué Juan se puso en camino en busca de miedo?
2. ¿Por qué la anciana le enseñó a Juan a conocer el castillo?
3. ¿Qué sucedió cuando Juan se encontraba en el castillo de los gigantes?
4. ¿Cómo conoció Juan el miedo a través de la princesa?

1-2

TEXTO 2

EL BANQUETE

Antes de leer:

1. ¿Qué crees que puede servirse en un banquete?
2. ¿El organizador de un banquete debe ofrecerlo todo?

Había una vez un pequeño poblado de pastores. En el poblado gobernaba un jefe muy avaro al que nadie quería. Un día, el jefe quería organizar una fiesta. Y como era tan avaricioso, ordenó que los propios invitados llevaran el vino para el banquete.

—Cada uno traerá una jarra de vino y luego lo mezclaremos todo. ¡Será una bebida magnífica! —exclamó el muy tacaño con una gran sonrisa.

Al conocer la noticia, dos de los pastores más pobres se quedaron muy preocupados.

—¿Y qué vamos a hacer? —preguntó uno de ellos—.

avaro *adj.*	吝啬的
avaricioso *adj.*	贪心的
banquete *m.*	宴会
jarra *f.*	敞口耳罐
mezclar *tr.*	混合
bebida *f.*	酒；饮料
magnífico *adj.*	极好的
tacaño *adj.*	吝啬的

必读篇

¡Nosotros no tenemos vino ni dinero para comprarlo!

—¡Y no podemos faltar a la fiesta! —dijo el otro—. El jefe se enfadaría con nosotros.

Después de mucho pensar, uno de ellos encontró la solución.

—¡Ya está! ¡Nosotros llevaremos agua en lugar de vino! El agua se mezclará con el vino de los demás. Seguro que nadie se dará cuenta.

Esperanzados con aquella idea, los dos pastores se fueron a sus casas soñando con los ricos manjares que podrían comer en la fiesta.

Por fin llegó el gran día y los invitados se dirigieron al lugar del banquete. A la entrada, el jefe había colocado una enorme tinaja donde todos iban vaciando sus jarras. Cuando llegaron los últimos invitados, comenzó el esperado festín.

Apenas habían pasado unos minutos cuando el jefe se levantó de su asiento como un rayo, con la cara roja de ira.

—¿Qué significa esto? ¿Dónde está el vino? —gritó encolerizado—. ¡Mi copa está llena de agua!

Los invitados, asombrados, no sabían qué responder. ¡Todos habían llevado agua en lugar de vino! El jefe, furioso, suspendió la fiesta y los invitados se quedaron sin banquete.

Gracias a lo sucedido, el rey de aquel país se enteró de la avaricia del jefe. Y como el rey era justo, retiró de su puesto a aquel hombre tan avaro. En su lugar, los pastores eligieron un nuevo jefe. Para celebrarlo, se organizó una gran fiesta en la que todos pudieron comer y beber cuanto quisieron… ¡sin llevar nada a cambio!

(345 *palabras*)

dinero *m.* 钱

faltar (a) *intr.* 缺席

esperanzado *adj.* 满怀希望的

tinaja *f.* 大瓮

vaciar *tr.* 倒空

festín *m.* 盛宴

ira *f.* 愤怒

encolerizado *adj.* 愤怒的

suspender *tr.* 中断

sucedido *adj.* 发生的

avaricia *f.* 贪心；贪婪

Ejercicios

I. Di si son verdaderas o falsas las siguientes oraciones según el texto. En caso de ser falsas, corrígelas oralmente:

1. (　　) El jefe del poblado era un hombre muy avaricioso a quien nadie lo quería.
2. (　　) El pueblo iba a organizar un banquete que todos se preparaban a celebrar muy contentos.
3. (　　) Nadie podía faltar al banquete porque el jefe se enfadaría.
4. (　　) Los dos pastores asistieron a la fiesta muy preocupados porque no llevaban nada.
5. (　　) El banquete fue todo un éxito y el jefe del poblado fue elogiado por el rey.
6. (　　) El cuento terminó con un final feliz.

II. Cuestionario:

1. ¿Qué exigió el jefe a los pastores que tenían que asistir al banquete?
2. ¿Qué se les ocurrió a los dos pastores pobres para poder participar en el banquete?
3. ¿Podrías resumir lo que sucedió en el banquete?

1-3

TEXTO 3

EL RECOLECTOR DE COCOS

Antes de leer:

1. ¿Qué hace un recolector de cocos?
2. ¿Conoces otras frutas tropicales además del coco?

Aquella mañana Tagoi se levantó temprano, cogió su caballo y se fue a recolectar cocos. El hombre estuvo todo el día trabajando sin descanso: trepaba por los troncos de las palmeras, bajaba y volvía a subir. Así, una y otra vez. Mientras el caballo aguardaba a la sombra, Tagoi iba llenando de cocos las alforjas.

recolectar *tr.*	采摘；收割
coco *m.*	椰子
mientras *adv.*	与……同时
aguardar *intr.*	等候，等待
alforja *f.*	褡裢

Al final de la tarde, las alforjas estaban repletas y Tagoi decidió volver a su casa. Como había visto un camino más corto que parecía llegar a su aldea, quiso ir por él. Y para estar más seguro, le preguntó a un niño que pasaba por allí:

—¡Eh, chico! ¿Voy bien por aquí a Manabao?

—Sí, señor.

—¿Y sabes cuánto tardaré?

El niño miró al caballo y luego contestó:

—Depende de la velocidad que lleve… Si va despacio, seguro que llegará enseguida. Pero si corre, tardará mucho.

"¡Qué tontería! ¡Será justo al revés!", pensó Tagoi. Y después de darle las gracias al niño, continuó su camino.

Tagoi quería llegar cuanto antes a su casa, así que apuró el paso sin hacer caso de lo que le había dicho el niño. Como el caballo parecía resistirse a correr, Tagoi le gritó:

—¡Vamos, caballo! ¡Más deprisa!

Y entonces… ¡cloc, cloc! ¡Varios cocos cayeron de las alforjas y salieron rodando! El hombre corrió tras ellos, los recogió y volvió a colocarlos con cuidado en las alforjas.

Cuando reemprendieron la marcha, el caballo volvió a caminar despacio, pero Tagoi insistía en correr.

En cuanto el caballo volvió a correr… ¡cloc, cloc, cloc!, los cocos rodaron otra vez por el suelo. Entonces, Tagoi recordó las palabras del muchacho.

"¡Ahora lo entiendo todo!", pensó. "El niño tenía razón: si corro, los cocos se caen y tengo que perder tiempo en ir a recogerlos."

repleto *adj.* 满的

corto *adj.* 距离短的

depender (de) *intr.* 取决于

al revés 相反地

apurar *tr.* 催促；加快

hacer caso 理会，理睬

deprisa *adv.* 快；赶紧

tras *prep.* 在……之后

reemprender *tr.* 继续；重新开始

marcha *f.* 行进

palabra *f. pl.* （讲的）话

Entonces Tagoi se volvió hacia su caballo y le dijo:

—¡Vamos, caballo! Ahora iremos a tu paso.

Como si hubiera entendido lo que pasaba, el caballo comenzó a andar lenta y cuidadosamente. Y así Tagoi y su caballo llegaron a la aldea sin tardar demasiado y sin que los cocos volvieran a caerse.

(349 *palabras*)

cuidadosamente *adv.* 小心翼翼地

Ejercicios

I. Di si son verdaderas o falsas las siguientes oraciones según el texto. En caso de ser falsas, corrígelas oralmente:

1. ( ) Tagoi llevaba todo el día recolectando cocos sin descanso.
2. ( ) Él decidió recorrer un nuevo camino para volver a casa cuanto antes.
3. ( ) Él y su caballo estaban perdidos en el camino.
4. ( ) El caballo se resistía a correr porque los cocos pesaban mucho.
5. ( ) Tagoi pudo llegar rápido a su aldea porque insistía en correr.
6. ( ) Al final Tagoi reconoció que el niño tenía razón.

II. Cuestionario:

1. ¿Por qué en un principio Tagoi no hizo caso de lo que le había dicho el niño?
2. ¿De qué manera Tagoi hubiera podido llegar antes a su aldea?
3. ¿Qué harías tú si te encontraras en la misma situación?

EL CAMPESINO LISTILLO

Había una vez un campesino ingenioso y muy socarrón, de cuyas[①] bromas podemos empezar a hablar y no terminaríamos nunca. Pero la historia más bonita es la que cuenta cómo en cierta ocasión consiguió quedarse con el tesoro del diablo y hacerle pasar por tonto.

El campesino había estado un buen día trabajando en sus tierras y, cuando ya había oscurecido, se preparó para volver a casa. Entonces descubrió en medio de sus tierras un montón de brasas encendidas y cuando asombrado se dirigió a ellas, se encontró con que encima de las brasas estaba sentado un diablo.

—¡No me digas que estás sentado sobre un tesoro! —dijo el labrador.

—Pues sí —respondió el diablo—, justamente sobre un tesoro en el que hay más oro y plata de los que tú hayas podido ver en toda tu vida.

—Pues si es así, el tesoro me pertenece, porque está en mis tierras —dijo el campesino.

—Tuyo será —repuso el diablo— si me das la mitad de lo que tus tierras produzcan en dos años. Bienes y dinero tengo de sobra, pero estoy encaprichado con los frutos de la tierra.

ingenioso *adj.* 聪明的
socarrón *adj.* 爱捉弄人的
broma *f.* 玩笑
diablo *m.* 魔鬼
hacerle pasar por 把他当作……
oscurecer *impers.* 夜幕降临
brasa *f.* 炭火
labrador *m.* 农夫
reponer *tr.* 回答
de sobra 充足的；有余的
encaprichado *adj.* 爱上了；看上了

① 意为“他的”，性数与后面所修饰的名词一致。

El campesino aceptó el trato.

—Pero para que luego no haya discusiones a la hora del reparto —dijo el campesino—, esta vez te toca a ti lo que crezca de la tierra hacia arriba y a mí lo que crezca de la tierra para abajo.

Al diablo le satisfizo esta propuesta, pero hete aquí[②] que el avispado campesino había sembrado nabos. Cuando llegó la época de la cosecha apareció el diablo a recoger sus frutos, pero solo encontró unas cuantas hojas amarillentas y mustias, en tanto que el campesino desenterraba sus nabos muy satisfecho.

—Por esta vez has salido tú beneficiado —dijo el diablo—, pero el trato no sirve para la próxima. Para ti será lo que crezca de la tierra hacia arriba y para mí lo que crezca de la tierra hacia abajo.

—Pues también estoy de acuerdo —contestó el campesino.

Pero cuando llegó el tiempo de la siembra no plantó nabos el campesino, sino trigo. Maduraron los frutos, el campesino fue a sus tierras y cortó las espigas exuberantes a ras del suelo. Cuando llegó el diablo no encontró más que rastrojos y, furioso, se precipitó en las entrañas de la tierra.

—Así es como hay que torear a los zorros —dijo el campesino.

Y fue y recogió su tesoro.

(406 *palabras*)

trato *m.*	交易
discusión *f.*	争执，争论
reparto *m.*	分配
satisfacer *tr.*	使满意
avispado *adj.*	聪明的
nabo *m.*	萝卜
cosecha *f.*	收成；收获
amarillento *adj.*	发黄的
mustio *adj.*	打蔫的
en tanto que	与此同时
desenterrar *tr.*	挖掘，刨
beneficiado *adj.*	受益的
próximo *adj.*	下一个
siembra *f.*	播种
plantar *tr.*	种植
madurar *intr.*	成熟
espiga *f.*	（麦、谷）穗
exuberante *adj.*	繁茂的
a ras de	紧贴
rastrojo *m.*	（庄稼）茬
precipitarse *prnl.*	跳下；钻进
entrañas *f. pl.*	内部；深处
torear *tr.*	对付

② Hete aquí相当于he aquí，意为“这就是”。

1-5 TEXTO 5

EL BARBERO Y EL LEÑADOR

Hace mucho tiempo, en la ciudad de El Cairo, vivía un barbero que era más listo que el hambre①. En una ocasión vio pasar por delante de la barbería a un leñador con un burro cargado de leña y le propuso un trato:

—Por diez monedas te compro toda la madera que traigas a lomos del burro.

Al leñador le pareció un buen negocio, así que hicieron el trato formalmente. Descargó toda la leña, la apiló en la barbería y pidió el dinero convenido. Pero el barbero le dijo que antes le tenía que dar el baste de la silla de montar, que también era de madera, y, por lo tanto, entraba en el trato. El leñador, furioso, no estuvo de acuerdo. Alegó que en la compra de una carga de leña jamás se había incluido el baste.

—Lo siento —dijo el barbero—. El caso es que hemos hecho un trato. ¡Pues solo faltaría que no respetáramos la palabra dada!

Y añadió que, si no le daba el baste, se quedaría toda la leña sin pagarle nada.

El leñador tuvo que conformarse, pero fue a explicar el caso al juez, que tenía fama de justo. El juez lo escuchó con toda la atención y declaró que no le podía dar la razón: los tratos son tratos y deben cumplirse. Ahora bien, le hizo una sugerencia que al leñador le pareció muy adecuada.

A la mañana siguiente, el leñador entró en la tienda de

El Cairo	开罗
barbero *m.*	理发师
barbería *f.*	理发店
leñador *m.*	砍柴人，樵夫
burro *m.*	驴
cargado *adj.*	驮着的
moneda *f.*	硬币
a lomos	驮着
formalmente *adv.*	正式地
descargar *tr.*	卸
apilar *tr.*	堆积
convenido *adj.*	商定的
baste *m.*	鞍垫
entrar en	算在……之内
alegar *tr.*	辩护
faltar *intr.*	还差；缺少
respetar *tr.*	遵守
conformarse *prnl.*	同意
juez *m.*	法官
ahora bien	但是，然而
sugerencia *f.*	建议

① Más listo que el hambre意为“非常聪明”。

aquel barbero tan pícaro y le preguntó cuánto le cobraría por afeitarlo a él y a su compañero. Y convinieron el trato de tres monedas por los dos. El leñador se sentó, el barbero lo afeitó y, cuando hubo acabado, el leñador le dijo:

—Un momento, que voy a buscar a mi compañero—. Al cabo de poco, regresó con su burrito y dijo al barbero que aquel era su compañero. Le pidió que lo afeitara bien afeitado, tal como habían convenido. Entonces fue el barbero quien protestó indignado:

—¿Dónde se ha visto que un barbero afeite a un burro? —exclamaba el barbero, exaltado, como si acabara de recibir un insulto.

—Lo siento —dijo el leñador—. El caso es que hemos hecho un trato, y un trato es un trato. ¡Pues solo faltaría que no respetáramos la palabra dada!

Tuvieron que llamar al juez, que dio la razón al leñador. Así que el barbero tuvo que afeitar al burro del leñador, cosa que le llevó unas cuantas horas de trabajo. ¡Cómo se reía la gente del barrio, que se había reunido alrededor de la tienda, atraída por aquel caso tan singular!

(442 *palabras*)

pícaro *adj.* 狡猾的

afeitar *tr.* 剃胡须

convenir *tr.* 商定

protestar *tr.* 抗议

indignado *adj.* 气愤的

exaltado *adj.* 激动的

insulto *m.* 侮辱

reírse *prnl.* 嘲笑

atraído *adj.* 被吸引的

UNIDAD 2
CUENTOS DE NIÑOS

2-0

Poesía

CANCIÓN

En un verso (诗句) de ocho sílabas (音节),
¿qué no cabrá (容纳)
si en una y tan solo en ella
cabe el mar?
Ocho sílabas son muchas
para cantar.
Me basta una que tenga
por dentro el mar.

Rafael Alberti①

① Rafael Alberti (1902—1999), poeta español.

必读篇

2-1 TEXTO 1

EL PRIMER DÍA

Antes de leer:

1. ¿Te gusta el primer día del nuevo semestre?
2. ¿Qué podría ocurrir el primer día?

Estamos en septiembre y ha comenzado de nuevo el curso. Los niños de la clase de Nico ya están en segundo.

Después de saludarse con gran alegría y de contarse sus vacaciones, salen al patio a jugar.

Nico se da cuenta de que Simo tiene las zapatillas cambiadas de pie. Con voz cariñosa, le dice:

zapatilla *f.*	便鞋
pie *m.*	脚
cariñoso *adj.*	亲切的

—Oye, Simo, ¿no notas nada raro en tus pies?

—Pues no. ¿Qué tengo que notar?

—¡Que tienes las zapatillas del revés!

Entre las risas de todos, Simo se las pone bien: la zapatilla derecha en el pie derecho y la izquierda en el pie izquierdo. Tica cuenta que esta mañana Simo se ha levantado un poco despistado.

risa *f.*	笑声
ponerse *prnl.*	穿；戴
derecho *adj.*	右边的
izquierdo *adj.*	左边的
despistado *adj.*	心不在焉的

Cuando ha ido al baño, ha cogido la colonia para lavarse su cara redonda; después, se ha puesto a peinar su cabello pelirrojo con el cepillo de dientes y, para terminar, se ha secado sus blancas manos con las cortinas de la bañera.

pelirrojo *adj.*	红头发的
cortina *f.*	帘
bañera *f.*	浴缸；浴池

—Mi madre le ha dicho que hoy se ha levantado con el

pie izquierdo. — explica Tica.

A la hora del desayuno, las cosas han seguido igual. Simo se ha servido la leche en el vaso del zumo y ha untado la mantequilla en la servilleta.

Pero Tica aún tenía más anécdotas que contar. Simo por poco pierde el autobús. "Pi, pii, piii…", el conductor hizo sonar la bocina para avisar de que estaba a punto de marcharse. Simo salió por la puerta de casa metiéndose la camiseta por la cabeza y con los cordones de las zapatillas sin atar. Como está tan flacucho, casi iba perdiendo los pantalones. Y eso no es todo. Al llegar al colegio, Simo ha vuelto a despistarse. Sin darse cuenta, se ha metido en la clase de primero. Francisco, que este año es el profesor de primero, lo ha acompañado a su nueva aula.

Al fin, Simo ha explicado que, después de dormir tanto todo el verano, hoy le ha costado mucho despertarse. Y aún tiene mucho sueño. ¡Por eso lo hace todo al revés! Mañana espera estar más despejado y prestar más atención.

(346 *palabras*)

desayuno *m.* 早餐
igual *adv.* 同样地
zumo *m.* 果汁
untar *tr.* 涂；抹
servilleta *f.* 餐巾
por poco 差点儿
conductor *m.* 司机
bocina *f.* 喇叭
cordón *m.* 带子
flacucho *adj.* 瘦的
aula *f.* 教室
al fin 最后；终于
despejado *adj.* 神志清醒的
prestar más atención 更加注意；当心

Ejercicios

I. Di si son verdaderas o falsas las siguientes oraciones según el texto. En caso de ser falsas, corrígelas oralmente:

1. (　　) Simo, Nico y Tica son hermanos.
2. (　　) Nico era el primero en darse cuenta de que Simo se ponía las zapatillas del revés.
3. (　　) Simo se encontraba en un lío antes de tomar el desayuno.
4. (　　) Para no llegar tarde a clase, Simo no comió nada.
5. (　　) Simo perdió el autobús porque el conductor no lo había esperado.
6. (　　) Simo estaba tan despistado porque no había podido dormir nada la noche anterior.

II. Cuestionario:

1. ¿Qué le pasó a Simo antes de ir al colegio?
2. ¿Qué sucedió cuando Simo ya estaba en el colegio?
3. ¿Podrías contar algo que te haya ocurrido en el primer día del nuevo semestre?

2-2 TEXTO 2

EL NIÑO QUE QUERÍA LA LUNA

Antes de leer:

1. ¿Te gusta ver la Luna?
2. ¿Podrías contarnos algún capricho que tenías cuando eras niño(a)?

Había una vez un niño que quería la Luna. Sus padres le decían que eso no era posible y que pidiera otra cosa más fácil de conseguir. Pero él, que era un cabezota, no hacía más que decir:

—¡Quiero la Luna! ¡Quiero la Luna!

—¿Y se puede saber para qué la quieres? —le preguntaban.

—Pues para comérmela. Me han dicho que la Luna es toda de queso, y me la quiero comer.

Así que la madre, harta de que el niño le diera la lata, fue a una pastelería y le dijo al pastelero:

—Hágame una tarta de queso que parezca la Luna.

Y el pastelero hizo una tarta de queso, blanca y redonda como la Luna llena.

Esa noche, la madre le dio la tarta al niño y le dijo:

—Aquí tienes la Luna, y que te aproveche.

cabezota *m.f.* 固执的人

dar la lata 烦人

pastelero *m.* 糕点师

que te aproveche 请你慢用

必读篇

El niño se puso muy contento, pero como era muy desconfiado, fue corriendo a la ventana a mirar el cielo, para ver si estaba la Luna. Ese día no había en el cielo ni rastro de la Luna, pues ya sabéis que una vez al mes desaparece del todo. Entonces, el niño se quedó convencido de que aquella tarta de queso era la Luna y se la comió la mar de a gusto.

Pero a los pocos días volvió a aparecer la Luna en el cielo y el niño se puso hecho una furia.

—¡Mamá, me has engañado! Lo que me diste no era la Luna de verdad, porque la Luna está en el cielo.

—Pues claro que está otra vez en el cielo —dijo su madre—. Faltaría más que por el caprichito de un niño nos fuéramos a quedar sin Luna para siempre. Vamos a ver: cuando coges una manzana de un árbol, ¿no vuelve a salir luego otra? Pues lo mismo pasa con la Luna. Cada vez que la coges, vuelve a salir, como las flores o las manzanas. Si no, hace tiempo que el cielo estaría vacío.

Al niño le pareció bien esta explicación, y desde entonces solo pidió la Luna una vez al mes, para darle tiempo a volver a salir.

(361 *palabras*)

desconfiado *adj.* 多疑的

rastro *m.* 踪迹

la mar de a gusto 非常高兴地

furia *f.* 暴怒

manzana *f.* 苹果

flor *f.* 花

Ejercicios

I. Di si son verdaderas o falsas las siguientes oraciones según el texto. En caso de ser falsas, corrígelas oralmente:

1. (　　) El niño quería la Luna porque era muy brillante.
2. (　　) La madre estaba harta de lo que pedía el niño.
3. (　　) La madre pidió hacer una tarta parecida a la Luna al pastelero.
4. (　　) El niño creía a su madre y se comió la tarta.

5. ( ) Después de comer la tarta, el niño no volvía a ver la Luna en el cielo.
6. ( ) La madre logró convencer al niño de que él había comido una Luna de verdad.

II. Cuestionario:

1. ¿Qué carácter tenía el niño?
2. ¿Qué hizo la madre para satisfacer lo que pedía el niño?
3. Imagínate, ¿a qué se parece la Luna llena?

LA NIÑA POETA

Antes de leer:

1. ¿Conoces a algún poeta?
2. ¿Te gusta la poesía?

Eran las tres de la tarde, y la profesora les había dicho a los niños de primero que debían escribir una poesía.

A Lina, así se llamaba la más pequeña de la clase, no le gustaba escribir poesías, solo le gustaba fantasear. Era habitual sorprenderla con el codo apoyado sobre la mesa y la cabeza inclinada, descansando sobre su mano.

En esos momentos, cerraba los ojos y comenzaba a soñar.

Cientos de pájaros volaban en el cielo y la envolvían con sus trinos, miles de flores brotaban del suelo, los arbustos crecían sin parar hasta convertirse en árboles…

Un pequeño gorrión se acercó y le dijo:

—Lina, soy tu guardián, me manda el Señor de la Fantasía, que habita detrás de las nubes, para que te ayude.

—¿Cómo podrás ayudarme si no me gusta escribir poesías?

poesía *f.*	诗
fantasear *intr.*	幻想
habitual *adj.*	经常的
sorprender *tr.*	撞见
codo *m.*	肘
inclinado *adj.*	低下头的
soñar *intr.*	梦想，幻想
envolver *tr.*	包；裹
trino *m.*	鸟鸣声
gorrión *m.*	麻雀
guardián *m.*	保护人
fantasía *f.*	幻想

—preguntó.

—Concéntrate, concéntrate, todas las palabras están en tu cabeza, solo tienes que ordenarlas —replicó el gorrión.

Lina no estaba convencida de lo que oía, pero decidió hacerle caso al gorrión. Cerró los ojos con fuerza y comenzó a ver luces de colores: rojas, naranjas, verdes, violetas, azuladas…

Estuvo un rato impresionada por el espectáculo. Pero, de repente, y detrás de las manchas de colores, empezaron a aparecer palabras, tal como había dicho el gorrión.

Lina tomó el lápiz y empezó a escribir:

En el rincón del gran bosque

vive mi amigo el gorrión,

que ha venido hasta la clase

para enseñarme un montón.

Dice que hay pájaros lindos

si miro arriba, hacia el cielo.

Dice que hay flores hermosas

si, al contrario, miro al suelo.

Yo le hago caso al gorrión,

que es mi amigo verdadero.

Y me está ayudando ahora

a redactar este texto.

Al terminar, Lina dejó su trabajo encima de la mesa de la profesora y se fue a su casa.

Al día siguiente, antes de comenzar las actividades, la profesora les dijo a todos:

concentrarse *prnl.* 全神贯注

ordenar *tr.* 排序；整理

violeta *adj.* 紫色的

impresionado *adj.* 惊奇的

espectáculo *m.* 景象；情景

mancha *f.* 色斑

empezar *intr.* 开始

lápiz *m.* 铅笔

al contrario 相反

redactar *tr.* 撰写

—Tenemos una niña poeta en esta clase, es la pequeña Lina.

Leyó el texto y, a final, todos, sin pensarlo siquiera, aplaudieron entusiasmados a la compañera más pequeña de la clase.

(349 *palabras*)

poeta *m.f.* 诗人

Ejercicios

I. Di si son verdaderas o falsas las siguientes oraciones según el texto. En caso de ser falsas, corrígelas oralmente:

1. ( ) Lina era la menor de todo el grupo.
2. ( ) A Lina le gustaba escribir poesía.
3. ( ) La cabeza de Lina estaba llena de ilusiones y fantasías.
4. ( ) En clase Lina tenía mucho sueño y durmió un buen rato.
5. ( ) Un gorrión apareció en la imaginación de Lina y le ayudó a escribir una poesía.
6. ( ) La poesía que escribió Lina era la mejor del grupo.

II. Cuestionario:

1. ¿Cómo era Lina, la más pequeña del grupo?
2. ¿Qué espectáculo imaginó Lina al soñar?
3. ¿Según tú, cómo se escribe una poesía?

选读篇

2-4

TEXTO 4

LA MASCOTA DE MI CLASE

En mi colegio todas las clases tienen una mascota. Los de primero tienen un hámster blanco, los de tercero, un par de peces de muchísimos colores, y los de cuarto, un periquito amarillo limón. Pero, sin duda, los de segundo tenemos la mascota más original y la más aventurera.

Es una rana muy verde y brillante. Se llama Severa, y nos la trajo nuestra profesora. Ese nombre tan raro se lo puso porque se la había regalado un amigo suyo que se llamaba Severo.

Aunque sigue siendo nuestra mascota, hace ya tres semanas que no está con nosotros. Os contaré lo que pasó.

Ya sabéis que las ranas no son peces y que no pueden estar todo el rato bajo el agua. Así que pusimos a Severa en una pecera muy grande, y le hicimos una especie de isla flotante de corcho para que se subiera allí siempre que quisiera.

Al principio todo iba bien. Le traíamos comida, moscas y otros bichitos, le cambiábamos el agua, y observábamos cómo, cuando nos veía, daba un salto y se escondía debajo de su islote.

Una mañana, Severa desapareció de repente. Cinco minutos antes estaba allí, y cuando volvimos a mirar, ya no la encontramos.

mascota *f.*	吉祥物
hámster *m.*	仓鼠
periquito *m.*	鹦鹉
limón *m.*	柠檬；柠檬色
sin duda	毫无疑问
aventurero *adj.*	冒险的
regalar *tr.*	赠予
pecera *f.*	鱼缸
flotante *adj.*	漂浮的
corcho *m.*	软木
bichito *m.*	小虫子
salto *m.*	跳
islote *m.*	小岛

La buscamos por todas partes sin dar con su escondite. Estábamos desesperados. Al final de la mañana, nuestra profesora nos dijo que dejáramos la búsqueda por el momento, que ya era la hora de ir al comedor. Así que nos fuimos todos a comer.

Cuando ya estábamos sentados, nuestra profesora abrió el bolso para guardar sus gafas. Entonces, Severa salió despavorida, dando saltos por toda la mesa. Doña Cecilia, la de música, chillaba. Don Ángel tiró la silla. Todo el mundo estaba desconcertado.

Nadie sabía lo que pasaba, y era tal el escándalo que no oían a nuestra profesora explicar que aquel "monstruo" era nuestra mascota.

Por fin, Severa dio un salto y se encaramó en la cabeza de mi amigo Miguel, que se quedó muy quieto y pudo atraparla.

Cuando las cosas se calmaron, averiguamos lo que había pasado. Aquella mañana, nuestra profesora había dejado el bolso abierto cerca de la pecera de Severa, ocasión que esta aprovechó para meterse dentro y...hacerse famosa.[①]

Por la tarde decidimos llevar a Severa a la charca que hay junto al colegio, un lugar más seguro y agradable para ella. Vamos a visitarla con frecuencia y, aunque hay más ranas, Severa es la más verde y la más brillante.

Siempre la saludamos y le recordamos que es nuestra mascota, aunque sea a distancia.

(427 *palabras*)

dar con	找到
desesperado *adj.*	绝望的
por el momento	暂时
gafas *f.pl.*	眼镜
despavorido *adj.*	吓坏的
escándalo *m.*	风波
monstruo *m.*	怪物
encaramarse *prnl.*	爬上
calmarse *prnl.*	安静；镇静
averiguar *tr.*	调查
famoso *adj.*	知名的
a distancia	在远处

① Hacerse + *adj.* 意为"变得，变为……"。

2-5 TEXTO 5

EL VALOR DEL DINERO

Ayer, por primera vez en mi vida, saqué un nueve en un examen. Papá se puso muy contento, cogió su cartera y me dio un billete de veinte euros.

—Ten, jovencito —me dijo—, cómprate lo que quieras.

—Pero... querido —dijo mamá—, ¿no crees que es mucho dinero para el niño?

—Nada de eso —respondió papá—, ya es hora de que Nicolás aprenda a conocer el valor del dinero. Estoy seguro de que gastará esos veinte euros de manera razonable. ¿Verdad, hijo?

Yo respondí que sí, besé a papá y me metí el billete en el bolsillo. Tuve que cenar con una sola mano, porque con la otra comprobaba que el billete seguía allí. La verdad es que nunca había tenido tanto dinero para mí solo.

Esta mañana, cuando llegué al colegio, les enseñé el billete a mis compañeros.

—Papá me lo dio para que conozca el valor del dinero y tengo que gastarlo de forma razonable. Lo que me gustaría es comprar un avión de verdad —les dije.

—No puedes —me contestó Joaquín—. Un avión cuesta por lo menos mil euros.

Me quedé decepcionado y entramos en clase.

En el recreo, mientras los demás jugaban, Alcestes me tiró del brazo y me preguntó qué iba a hacer con mi dinero. Le dije

billete *m.* 纸币

euro *m.* 欧元

razonable *adj.* 合理的

costar *tr.* 花费

por lo menos 至少

decepcionado *adj.* 失望的

que no lo sabía. Entonces me dijo que con veinte euros podría comprar montones de chocolatinas.

chocolatina *f.* 巧克力

—¡Podrías comprar cuarenta! Cuarenta chocolatinas, ¿te das cuenta? Veinte para cada uno.

—¿Y por qué iba a darte a ti veinte chocolatinas? —le pregunté—. El billete es mío.

Alcestes se marchó a jugar sin mí, pero me importó un pepino[①]. Yo tenía mi billete.

La idea de Alcestes era buena. A mí me encanta el chocolate y además nunca he tenido cuarenta chocolatinas a la vez. Por eso, al salir del colegio me fui corriendo a la panadería, puse mi billete en el mostrador y dije:

—Quiero chocolatinas. Tiene usted que darme cuarenta por ese dinero, me lo ha dicho Alcestes.

La panadera miró el billete, me miró a mí y dijo:

panadero *m.* 面包师

—¿Dónde has encontrado esto, chiquillo?

chiquillo *m.* 小孩

—No me lo he encontrado —respondí—, me lo han dado.

—¿Para que compras cuarenta chocolatinas?

—Pues sí —contesté.

—No me gustan los mentirosillos. Más vale que dejes ese dinero donde lo encontraste.

mentirosillo *m.* 撒谎的人

Entonces me he venido a casa y se lo he contado todo a mamá. Ella me ha dicho que no me preocupe, ha cogido el billete y ha ido al salón a hablar con papá. Al rato ha vuelto con una moneda de cincuenta céntimos.

preocuparse *prnl.* 担心

salón *m.* 客厅

—Cómprate una chocolatina con estos cincuenta céntimos —me ha dicho.

---

① (No) importarle a uno un pepino (de) algo意为“某事对某人无关紧要”。

Me he puesto muy contento. Creo incluso que le daré la mitad a Alcestes, porque es mi amigo y con los amigos se comparte todo.

(468 *palabras*)

UNIDAD 3

FÁBULAS DE ANIMALES (I)

3-0

Fábula

LA ZORRA Y LA GRULLA

La zorra invitó a la grulla (鹤) a que comiera en su casa y le dio caldo (汤) que le sirvió en un plato llano. La grulla, con su largo pico, no pudo comer nada y la zorra se lo comió todo.

Al día siguiente, la grulla a su vez invitó a la zorra a comer y le ofreció la comida en un jarro (窄口单耳罐). La zorra no pudo comer porque la boca del jarro era demasiado estrecha y la grulla con su pico fino y largo se lo comió todo ella sola.

Fábula de Esopo

必读篇

3-1

TEXTO 1

LA CIGARRA Y LA HORMIGA

Antes de leer:

1. ¿Tienes vecinos? ¿Te llevas bien con ellos?
2. ¿Has oído hablar de una fábula sobre hormigas?

Había una vez dos vecinas, una cigarra y una hormiga, que vivían en el campo. Era verano y las dos estaban muy ocupadas.

La hormiga iba de un lado para otro recogiendo granos de arroz, de trigo, y todas las semillas que encontraba para guardarlas en la despensa de su casa. Más adelante, cuando llegara el invierno, le servirían de alimento.

En cambio la cigarra solo cantaba y cantaba tumbada al sol, oliendo el dulce aroma que desprendían las flores. ¡Qué feliz era! El futuro no le preocupaba: el cielo era tan azul y sus canciones tan alegres…

Pero el verano no dura para siempre.

La cigarra se dio cuenta de que los días iban siendo cada vez más cortos y de que las hojas de los árboles se secaban y caían al suelo, pero no hizo mucho caso.

Una mañana, la cigarra fue despertada por un frío intenso; los árboles ya no tenían hojas, una nieve caía del cielo gris.

—¡Ha llegado el invierno! ¡Qué va a ser de mí! ¡Moriré

cigarra *f.* 蝉，知了

más adelante 以后

tumbado *adj.* 躺着的

aroma *m.* 香味，香气

desprender *tr.* 散出（气味）

de frío y de hambre! —exclamó aterrorizada la cigarra—. No tuve tiempo durante el verano de almacenar provisiones y construirme un buen refugio. Tenía que cantar. Pero mi canto no me alimentará ahora que ha llegado el frío.

Estuvo pensando largamente, y al final, solo se le ocurrió un remedio.

—Tendré que pedir ayuda a mi vecina la hormiga. —se dijo la cigarra.

Y, dicho y hecho, se encaminó a casa de la hormiga y llamó a la puerta: ¡toc, toc!

—¿Quién es? —preguntó la hormiga.

—Soy yo, tu vecina. ¿Puedes abrirme? —respondió la cigarra.

La hormiga abrió la puerta. El campo estaba cubierto de nieve y la cigarra se sacudía los copos que helaban su cuerpo.

—Tengo hambre y mucho frío— dijo la cigarra lamentándose—. ¿Puedes ayudarme?

—¿Qué hacías durante el verano cuando se encuentran alimentos por todas partes y es posible construir una casa? —preguntó molesta la hormiga.

—Cantaba y cantaba todo el día. —respondió la cigarra.

—¿Cantabas? Pues, ¿por qué no bailas ahora?

Y la hormiga cerró la puerta.

Adaptación de una fábula de Samaniego[①]

(351 *palabras*)

aterrorizado *adj.* 害怕的

provisión *f.* 粮食；储备

encaminarse *prnl.* 走向

sacudirse *prnl.* 抖掉

copo *m.* 雪片

helar *tr.* 使冰冻

molesto *adj.* 不高兴的

① Félix María Serafín Sánchez de Samaniego Zabala (1745—1801), escritor español, famoso por sus fábulas.

Ejercicios

I. Di si son verdaderas o falsas las siguientes oraciones según el texto. En caso de ser falsas, corrígelas oralmente:

1. (   ) La cigarra y la hormiga eran muy buenas amigas y se ayudaban mucho.
2. (   ) En verano la hormiga estaba ocupada en almacenar alimentos.
3. (   ) Lo que hacía la cigarra en verano era cantar y cantar sin hacer nada.
4. (   ) El invierno se aproximaba sin que la cigarra se diera cuenta.
5. (   ) Como no pudo aguantar el frío y el hambre, la cigarra acudió a su vecina.
6. (   ) La hormiga ayudó generosamente a la cigarra.

II. Cuestionario:

1. Según tu opinión, ¿qué cualidades tiene la hormiga?
2. ¿Podrías contar la historia desde el punto de vista de la hormiga y de la cigarra?
3. ¿Qué harías tú en lugar de la hormiga ante la situación de la cigarra?

EL ERIZO Y LA LIEBRE

Antes de leer:

1. Para ti, ¿cuál de los animales corre más rápido?
2. ¿Conoces alguna fábula sobre la liebre?

Un día, el erizo se encontró con la liebre, y esta le dijo:

—Pareces muy apuesto, pero tienes las patas torcidas…

El erizo se enfadó y dijo:

—No te burles de mí. Aunque tenga las patas torcidas, corro mejor que tú con las tuyas que son rectas. Ahora voy a casa, pero luego volveré y entonces podremos apostar a ver quién corre con más rapidez.

apuesto *adj.* 漂亮的

必读篇

—Está bien —dijo la liebre—, lo probaremos.

El erizo al volver a su casa le dijo a su esposa:

—He apostado con la liebre a ver quién de los dos corre más deprisa.

Y la esposa le dijo:

—Estás loco o eres tonto de remate. La liebre es muy veloz, tiene las patas rectas y no torcidas como las tuyas.

—De acuerdo. Sus patas son más rápidas, pero su cerebro es muy pequeño. Vamos al campo y tú harás lo que yo te diga.

Se dirigieron al campo donde la liebre ya le estaba esperando. Una vez allí el erizo le dijo a su mujer:

—Escóndete detrás de este arbusto que está detrás del surco. Nosotros empezaremos a correr desde el otro extremo del surco hasta aquí. Cuando la liebre eche a correr, yo también me esconderé y le dirás: "Hace tiempo que te estoy esperando." La liebre no se dará cuenta.

Y así lo hicieron.

La liebre echó a correr desde el otro extremo del surco y el erizo se escondió. Al llegar a la meta, la liebre no reconoció a la esposa del erizo, confundiéndola con el erizo, y le dijo:

—¡Qué cosa más incomprensible! ¿Es posible que hayas corrido más deprisa que yo? A ver, vamos a correr hasta donde hemos empezado.

—Está bien, vamos a correr.

La liebre empezó a correr y al llegar a la meta se encontró nuevamente con el erizo.

—Ya hace tiempo que te estoy esperando —le dijo este.

—No lo entiendo…he corrido con todas mis fuerzas y, sin

de remate 不可救药地

veloz *adj.* 飞快的

cerebro *m.* 大脑

surco *m.* 垄沟

extremo *m.* 尽头

incomprensible *adj.* 难以理解的

embargo, tú me has ganado.

Corrieron una vez más. La liebre se cansó tanto que casi no podía respirar.

Desde entonces nunca más apostó, convencida de que en aquella ocasión había perdido.

(360 *palabras*)

Ejercicios

I. Di si son verdaderas o falsas las siguientes oraciones según el texto. En caso de ser falsas, corrígelas oralmente:

1. ( ) La liebre se burló del erizo porque tenía las patas torcidas.
2. ( ) El erizo apostó con la liebre diciéndole que él corría más rápido que ella.
3. ( ) La esposa del erizo pensaba que su marido estaba loco al apostar con la liebre.
4. ( ) El propio erizo corrió tan rápido que llegó a la meta antes que la liebre.
5. ( ) La liebre se dio cuenta de la trampa del erizo y exigió correr otra vez.
6. ( ) Al final, la liebre estaba convencida de que había perdido.

II. Cuestionario:

1. ¿Cómo pudo ganar el erizo en la carrera?
2. Según tú, ¿por qué la liebre perdió en la apuesta?
3. Si fueras tú el erizo, ¿qué harías ante la burla de la liebre?

3-3

TEXTO 3

EL PATITO FEO

Antes de leer:

1. ¿Conoces alguna fábula sobre patos?
2. ¿Conoces los hábitos de los patos?

Aquel verano, la Señora Pata estaba deseosa de ver a sus patitos, que estaban a punto de nacer. Empezaron a romperse los huevos y, uno a uno, salieron seis preciosos patitos rubios. Pero todavía quedaba un huevo por romperse y todos esperaban impacientes el nacimiento del último patito. De repente, el huevo empezó a tambalearse, se abrió y un sonriente pato salió de su interior.

—¡Qué feo! —exclamaron todos al ver al patito.

Era de color grisáceo, más grande que sus hermanos y muy desgarbado. La Señora Pata se moría de vergüenza por tener un patito tan extraño y lo apartó con el ala mientras se dirigía al estanque. Sus hermanos y el resto de los animales de la granja se burlaban de él. El patito estaba muy triste porque se dio cuenta enseguida de que no lo querían.

Pasaron los días y su aspecto no mejoraba. Por eso, una mañana decidió ir a buscar un lugar donde lo quisieran a pesar de ser feo. Pero no tuvo mucha suerte.

En las granjas solo lo querían para comérselo; tuvo que huir de los cazadores; y en invierno, pasó hambre y frío porque era muy difícil conseguir alimento entre la nieve y el hielo.

Encontró refugio cerca de un gran lago y allí se quedó a vivir. Todas las mañanas iba a nadar al lago. Como el agua estaba muy fría, el patito movía las patas muy deprisa para no quedarse helado.

Un día de primavera, el patito llegó al lago como todos los días y allí encontró unos hermosos cisnes que estaban nadando.

—¡Qué vergüenza que vean lo feo que soy! ¡Son tan hermosos y nadan tan bien! —dijo tristemente el patito.

Entonces los cisnes se acercaron a la orilla y lo invitaron

deseoso *adj.* 满怀希望的
impaciente *adj.* 急切的
nacimiento *m.* 出生
tambalearse *prnl.* 摇摆
sonriente *adj.* 微笑的
grisáceo *adj.* 发灰的
desgarbado *adj.* 难看的
apartar *tr.* 分开
lago *m.* 湖
cisne *m.* 天鹅

必读篇

a bañarse con ellos. El patito pensó en esconderse pero después se dijo que no tenía nada que perder y entró en el agua.

Fue en aquel momento cuando se fijó en su reflejo en el agua y se llevó una enorme sorpresa. Durante aquellos meses había crecido y se había convertido en un cisne tan blanco y hermoso como los demás.

reflejo *m.* 倒影；影像

Desde entonces se quedó a vivir con ellos y fue muy feliz.

Adaptación de un cuento de Andersen①

(370 *palabras*)

Ejercicios

I. Di si son verdaderas o falsas las siguientes oraciones según el texto. En caso de ser falsas, corrígelas oralmente:

1. ( ) El último patito que nació era diferente a los demás.
2. ( ) La Señora Pata no quería al último patito porque era feo.
3. ( ) A pesar de la falta de cariño de su madre, el patito feo se sentía feliz en la granja.
4. ( ) El patito feo se fue de la granja y empezó a vivir solo cerca de un lago.
5. ( ) Unos hermosos cisnes que nadaban en el lago se burlaban también del patito feo.
6. ( ) El patito feo era en realidad un cisne.

II. Cuestionario:

1. ¿Por qué la Señora Pata no quería al patito que nació último?
2. ¿Cómo era la vida que llevaba el patito feo antes de saber que era cisne?
3. ¿Te gusta esta historia?, ¿y por qué?

① Hans Christian Andersen (1805—1875), escritor y poeta danés, famoso por sus cuentos para niños.

选读篇

3-4

TEXTO 4

UN REY SIN CORONA

Esta historia pasó hace muchísimo tiempo, cuando los animales gobernaban la Tierra y eran un poco diferentes a lo que son ahora. Las cebras no tenían rayas, los camellos no usaban joroba, las tortugas corrían... Todo esto pasaba hace muchos, muchísimos años. Pero una cosa era igual: el león era el rey de la selva.

Un día, el rey se despertó y... ¡no podía ser! ¡La corona no estaba sobre su cabeza!

El pobre león rugía, lloraba... El primero que se acercó a él y lo vio fue el zorro.

—Esto se va a solucionar enseguida —le dijo al león—. Volveré con su corona.

Y, dicho esto, partió.

—Toc, toc... Señora jirafa... —dijo el zorro—, nuestro rey ha perdido la corona. Hay que encontrarla.

—¡Qué barbaridad! —dijo la jirafa siguiendo al zorro.

—Toc, toc... Señor elefante, nuestro rey ha perdido la corona. Y no puede haber un rey sin corona.

—¡Qué barbaridad! —dijo el elefante siguiendo a la jirafa.

—Toc, toc... Señora rana...

—Toc, toc... Señorita hormiga...

cebra *f.*	斑马
raya *f.*	条纹
camello *m.*	骆驼
joroba *f.*	驼峰
corona *f.*	王冠
rugir *intr.*	咆哮
jirafa *f.*	长颈鹿
¡Qué barbaridad!	真可怕!
elefante *m.*	大象

Tras la hormiga fue el hipopótamo, y después el topo, y el ciervo, y la abeja, y la pantera… La fila de animales era interminable.

Cuando llegaron donde el pobre león rugía y lloraba, lloraba y rugía, empezaron a buscar la corona perdida.

La jirafa revisó las ramas más altas. La hormiga, los hormigueros. El topo se metió por las cuevas, y los patos y las ranas revisaron el fondo de la laguna. Todos los demás se metieron entre los troncos, las enredaderas, los arbustos… Buscaron hasta que el cansancio los venció. Era ya de noche y todos se quedaron dormidos alrededor del león. Un rey triste que lloraba y pensaba que ya no era rey. Porque un rey sin corona no puede ser rey.

Aunque en otoño nunca llovía en la selva, esa noche el viento llamó a las nubes y las juntó. Y entonces cayó una llovizna muy suave de gotas doradas. Una llovizna mágica.

A la mañana siguiente, cuando la selva entera despertó, todos vieron que el león lucía una melena rubia y abundante, que parecía una hermosa corona.

Y el rey ya no perdió nunca su nueva corona. Desde entonces, la lleva siempre puesta.

(371 *palabras*)

hipopótamo *m.* 河马
topo *m.* 鼹鼠
ciervo *m.* 鹿
pantera *f.* 豹子
interminable *adj.* 无尽头的

revisar *tr.* 查看
cueva *f.* 山洞
laguna *f.* 水塘
enredadera *f.* 攀援植物
vencer *tr.* 战胜

juntar *tr.* 汇集
llovizna *f.* 毛毛雨
suave *adj.* 柔和的
dorado *adj.* 金黄色的
lucir *tr.* 显示，炫耀

puesto *adj.* 戴着的

LOS TRES CERDITOS

En un bosque vivían tres cerditos que eran hermanos. Un día decidieron construirse unas casitas para protegerse de un malvado lobo.

—Construiré una casita de paja. Acabaré enseguida y así podré ir a jugar. —dijo el cerdito pequeño.

—Yo la construiré de madera. Pesa poco y no me cansaré —dijo el cerdito mediano.

—Pues yo la haré con ladrillos y, aunque me cueste más tiempo y esfuerzo, será más resistente —dijo el mayor.

ladrillo *m.* 砖

esfuerzo *m.* 气力；努力

resistente *adj.* 坚固的

El cerdito pequeño acabó enseguida de construir su casa y se puso a jugar. El cerdito mediano, al ver que su hermano ya había terminado, se dio prisa para ir a jugar con él. Mientras el hermano mayor continuaba trabajando en su casa de ladrillo.

—¡Ya veréis lo que hace el lobo con vuestras casitas! —advirtió a sus hermanos menores.

Una mañana, apareció el lobo y empezó a perseguir a los cerditos. Ellos se escondieron de inmediato en sus casas: el pequeño en la de paja, el mediano en la de madera y el mayor en la de ladrillo.

—Aunque os escondáis, os atraparé. Soplaré y soplaré y derrumbaré las casitas —gritó el lobo.

derrumbar *tr.* 弄塌

El lobo llegó a la casita de paja y, de un soplido, la derrumbó.

Entonces, el cerdito pequeño corrió a refugiarse en casa de su hermano mediano, mientras el lobo lo perseguía.

refugiarse *prnl.* 躲避

—¡Ábreme la puerta, que el lobo me quiere comer! —gritaba.

Los dos cerditos se encerraron en la casa de madera, pero el lobo llegó, sopló y la casita se derribó.

derribarse *prnl.* 倒下

—¡Corramos a casa de nuestro hermano! —dijeron los

dos cerditos.

Y se fueron tan deprisa como sus patas se lo permitieron.

Cuando los tres cerditos estuvieron en la casa de ladrillo, cerraron bien todas las puertas y ventanas y pusieron una olla con agua al fuego.

—Ahora os cogeré a los tres —dijo el lobo antes de empezar a soplar.

Sopló tan fuerte como pudo, pero la casita era muy resistente y no logró derribarla. Después intentó entrar por la puerta y por las ventanas, pero estaban muy bien cerradas. Finalmente, trepó hasta el tejado y descendió por el interior de la chimenea. Entonces cayó sobre el agua hirviendo que habían puesto los cerditos al fuego y se escaldó.

Escapó de allí aullando y se cuenta que nunca más quiso comer cerdito.

(384 *palabras*)

tejado *m.*	屋顶
descender *intr.*	下来
chimenea *f.*	烟囱
escaldarse *prnl.*	灼痛
aullar *intr.*	嗥叫

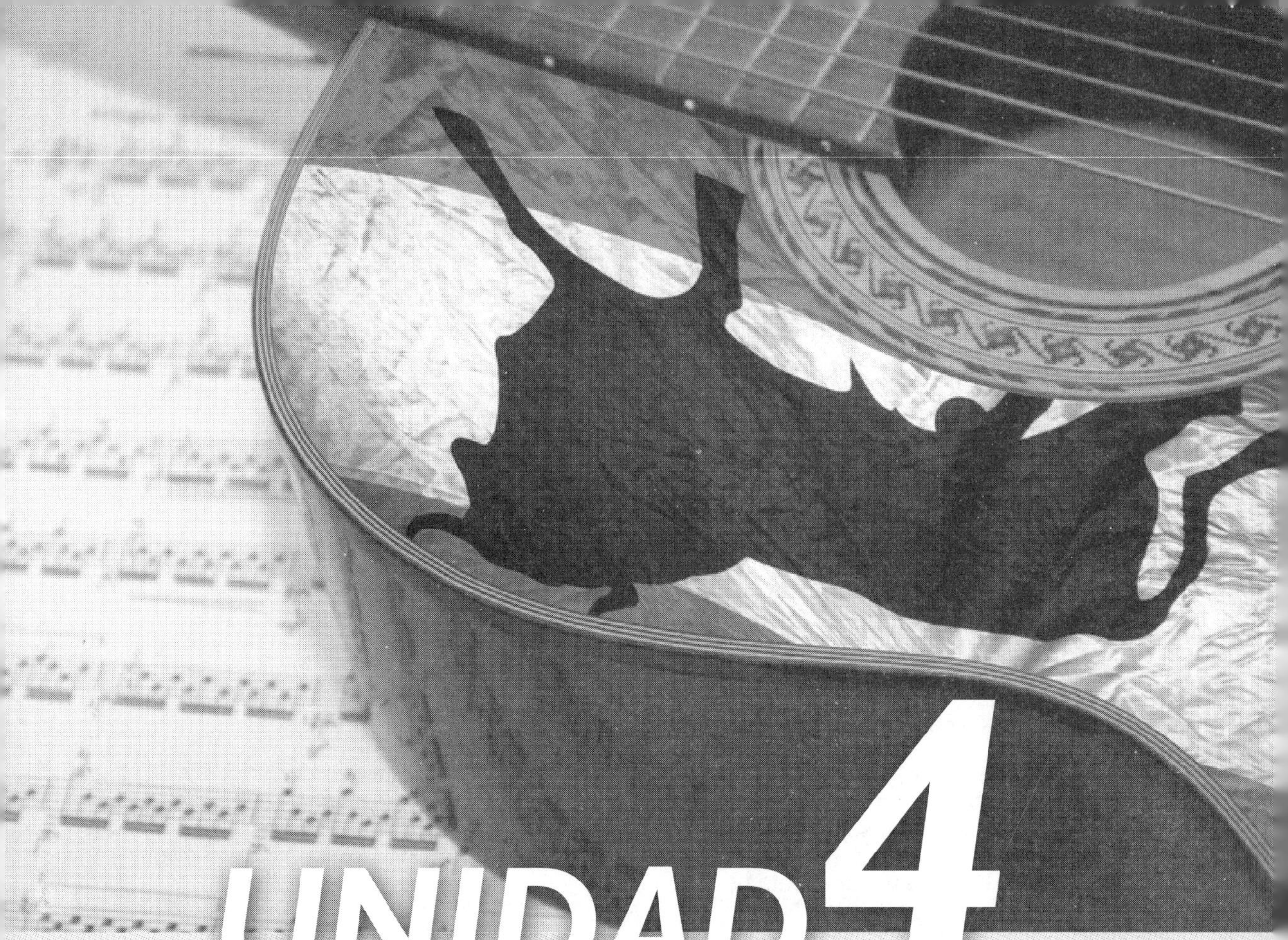

UNIDAD 4

VIAJES

4-0 

Poesía

A UN PAJARILLO

Canoro: (叫声悦耳的鸟)
te alejas
de rejas (铁栅)
de oro.
Y al coro (合唱)
le dejas
las quejas (呻吟)
y el lloro.
Que vibre
ya libre
tu acento (声调).
Las alas
son galas (漂亮装饰)
del viento.

Celedonio Junco de la Vega[1]

---

① Celedonio Junco de la Vega (1863—1948), escritor, periodista, dramaturgo y académico mexicano.

必读篇

4-1

TEXTO 1

MIS ANÉCDOTAS EN MÉXICO

Antes de leer:

1. ¿Has estado en un país extranjero?
2. ¿Has perdido alguna vez el autobús, el tren o el avión?

Esta vez quiero contarte algunas cosas que me han sucedido desde que llegué a México.

Cuando desembarqué en la Ciudad de Veracruz, todo me pareció tan agradable que quería permanecer varios días allí. Pero no pude porque me esperaban unos amigos en la Ciudad de México.

Al llegar a la estación de autobuses, me acerqué a un joven para preguntarle si sabía a qué hora salía el autobús para la capital. ¡Qué sorpresa! Era mi amigo Carlos. Él también es brasileño, así que ya te imaginarás la emoción que sentimos. De repente, escuché por el altavoz: "Pasajeros con destino a la Ciudad de México, favor de abordar el autobús número 29." Me despedí de Carlos, salí corriendo de la sala de espera y me subí al autobús. Saqué mi boleto y se lo di al chofer. El señor lo revisó y me dijo que ese autobús no iba a la Ciudad de México. Le repliqué muy preocupada:

—Entonces, ¿qué? ¿acaso me he equivocado? No es posible. Han anunciado por el altavoz que es el 29.

—Sí, señorita, este es el 29, pero...

desembarcar *intr.* 上岸

altavoz *m.* 扩音器

con destino a 驶向，走向

abordar *tr.* 乘车

boleto *m.* 车票

chofer *m.* 司机

equivocarse *prnl.* 搞错

No lo dejé terminar. Estaba tan nerviosa que solté cosas feas en portugués. Lo bueno es que el señor no me oyó porque se había bajado del autobús. Me apresuré a bajar también. Nos dirigimos a la ventanilla para averiguar qué pasaba. La empleada vio el boleto y me dijo que el autobús que yo debería haber tomado era el 129, que ya se había ido hacía quince minutos. Le pregunté a qué hora salía el siguiente. Con mucha amabilidad me contestó: "Mañana por la mañana."

Desesperada, abandoné la estación, crucé la calle y me fui al hotel, donde llamé a mis amigos para decirles que había perdido el autobús.

(296 *palabras*)

soltar *tr.* 脱口而出

portugués *m.* 葡萄牙语

amabilidad *f.* 亲切，和蔼

cruzar *tr.* 穿过，通过

Ejercicios

I. Di si son verdaderas o falsas las siguientes oraciones según el texto. En caso de ser falsas, corrígelas oralmente:

1. (　　) La señorita es mexicana e iba a tomar un autobús a la Ciudad de México.
2. (　　) En la estación de autobuses se encontró con un amigo portugués.
3. (　　) Al oír el anuncio del altavoz, la señorita se despidió de su amigo para tomar el autobús.
4. (　　) El autobús al que subió la señorita no iba a la Ciudad de México.
5. (　　) No quedaba ningún otro autobús para ir a la capital el mismo día.
6. (　　) Como había perdido el autobús, la señorita decidió permanecer en Veracruz un día más.

II. Cuestionario:

1. ¿Con quién se encontró la señorita en la estación de autobuses?
2. ¿Qué le sucedió cuando subió al autobús?
3. ¿Podrías contar alguna anécdota que te ocurrió durante un viaje?

LA GUITARRA MÁGICA DE FESTÍN

Antes de leer:

1. ¿Sabes tocar la guitarra?
2. ¿Conoces alguna cosa mágica?

En una ciudad ocurrió esta extraña historia.

Era un día normal, como otro cualquiera, hasta que llegó Festín. Festín era un joven alto, con el pelo largo, recogido con una goma, y llevaba unas gafas de sol que ocultaban sus ojos. Viajaba en un automóvil descapotable bastante antiguo, y en la parte trasera asomaba una guitarra.

Festín paró el coche y preguntó a un guardia urbano:

—¡Por favor! ¿Podría indicarme esta dirección?

—¡Pero bueno! ¿No ve que está interrumpiendo el tráfico? Circule, circule —le respondió el guardia.

Festín se quedó sin saber por dónde debía seguir. Aparcó y se dirigió a un señor muy elegante, que llevaba un maletín:

—¡Oiga, señor! ¿Podría decirme dónde está esta calle?

—Mire joven, tengo prisa, llego tarde a la oficina y no puedo entretenerme —le respondió el hombre de negocios.

Festín se quedó con un palmo de narices[①]. Se acercó a una señora quc salía del supermercado:

—¡Hola, señora! Estoy buscando esta dirección, podría...

Pero no pudo acabar la frase porque la mujer salió

goma *f.* 橡皮筋
ocultar *tr.* 遮盖；隐藏
descapotable *adj.* 敞篷的
guardia *m.* 警察
circular *intr.* 开动
entretenerse *prnl.* 耽搁；消遣

① Quedarse con un palmo de narices意为“大为惊讶”。

corriendo.

—Las personas no hablan entre sí, siempre van con prisas... ¡Está claro! ¡Esta ciudad necesita mis servicios! —dijo Festín.

Sin pensarlo más, cogió su guitarra y comenzó a tocar una singular melodía. Entonces...

Los coches pararon en seco, los conductores salieron de los automóviles y se saludaron.

en seco 突然地

En el supermercado se entabló una conversación sobre recetas de cocina. Todo el mundo estaba contento.

En la Biblioteca Municipal, los lectores comentaron entre ellos las novelas que estaban leyendo. Nadie se sentía triste.

municipal *adj.* 城市的，市政的

Al día siguiente, los periódicos publicaban la noticia. La gente se preguntaba cuál había sido la causa de aquellos momentos tan felices, pero nadie tenía respuesta. Solo Festín sabía el secreto pero estaba ya muy lejos, en camino a otra ciudad.

(299 *palabras*)

Ejercicios

I. Pon en orden las siguientes oraciones según el texto:

1. (　　) No sabía por dónde debía seguir, Festín aparcó el coche.
2. (　　) Los lectores comentaron entre ellos las novelas.
3. (　　) Festín creía que la ciudad necesitaba sus servicios.
4. (　　) Los coches pararon, los conductores salieron y se saludaron.
5. (　　) Festín viajaba en un automóvil antiguo y llegó a una ciudad con su guitarra.
6. (　　) En los periódicos se publicaba la noticia del cambio en la gente.
7. (　　) Festín se acercó a una señora, y ésta salió corriendo sin hacerle caso.
8. (　　) Él preguntó la dirección a un señor muy elegante, pero este no le respondió.

9. ( ) Festín pidió a un guardia que le indicara la dirección.
10. ( ) Festín se fue a otra ciudad.

II. Cuestionario:

1. ¿Por qué Festín creía que esa ciudad necesitaba sus servicios?
2. ¿Cuál es el secreto de Festín?
3. ¿Qué significa la guitarra de Festín en este relato?

4-3

TEXTO 3

LAS POSTALES DEL TÍO JOSÉ

Antes de leer:

1. ¿Has recibido alguna postal?
2. ¿Te gusta enviar postales durante viajes?

Me llamo Paco, tengo una hermana mayor que se llama Concha, y nuestro sueño es viajar por el mundo. Os contaré por qué.

Hace unos meses, se presentó en casa nuestro tío José, al que queremos mucho, con una gran caja azul bajo el brazo.

presentarse *prnl.* 出现；到访

—Venid aquí, muchachos —nos dijo. —¿Queréis viajar conmigo?

Puso la caja sobre la mesa y nos acercamos a ella con curiosidad.

—Venid aquí, al sofá, sentaos conmigo. ¡Vamos a iniciar un gran viaje!

Mi hermana y yo estábamos desconcertados, pero hicimos lo que nuestro tío nos pedía.

El tío José abrió la caja y sacó de ella una postal.

—¿Veis? Estos son los Picos de Europa. La postal me la mandó hace tiempo mi amigo Manolo, que vive en la zona, en un pequeño pueblo de montaña.

Luego, mi hermana sacó otra postal en la que se veían dos barquitos de bonitos colores. Le dio la vuelta y leyó:

—Islas Canarias. Lanzarote.

—¡Ah, sí! Esa es muy antigua, me la envió el tío Blas. Yo tendría entonces doce o trece años. Recuerdo que me hizo mucha ilusión recibirla —comentó el tío José.

De la caja fueron saliendo otras postales: de Francia, Portugal, Galicia, Navarra, Andalucía…

Mi tío nos iba dando explicaciones de cada lugar, así como de las personas que le habían enviado las postales.

Los días que siguieron nos sentábamos a rebuscar en la caja, y a mi madre se le ocurrió traer un gran atlas, con muchos mapas, para localizar en él los sitios que descubríamos, los señalábamos con el dedo e imaginábamos cómo serían esos lugares en realidad.

Desde entonces, por las noches, tumbados en la cama, recordamos todos los sitios que vimos en las postales y planeamos los viajes que haremos cuando seamos mayores. Y no se nos olvidará enviar postales a todas las personas que queremos, para que vean los lugares tan maravillosos en los que hemos estado.

(323 *palabras*)

vuelta *f.* 翻转

Portugal 葡萄牙

Galicia 加利西亚

Navarra 纳瓦拉

Andalucía 安达卢西亚

así como 以及

atlas *m.* 地图册

planear *tr.* 计划

Ejercicios

I. Di si son verdaderas o falsas las siguientes oraciones según el texto. En caso de ser falsas, corrígelas oralmente:

1. (   ) El sueño de Paco y Concha es viajar por el mundo.
2. (   ) La caja que había traído el tío José estaba llena de cartas.
3. (   ) Las postales que tenía el tío José se las habían enviado sus amigos.
4. (   ) El tío José ha estado en Francia, Portugal, Galicia, Navarra y Andalucía.
5. (   ) Las postales de la caja azul les hacían mucha ilusión a los dos niños.
6. (   ) La madre les trajo un gran atlas para localizar en él los sitios de las postales.

II. Cuestionario:

1. ¿Cuáles son los países o lugares que se han mencionado en el texto?
2. ¿Podrías enumerar algunas comunidades de España?
3. Para los dos niños, ¿qué significan las postales?

选读篇

4-4 TEXTO 4

EL TREN QUE CAMINA AL REVÉS

¿Alguna vez has viajado de noche en un tren? Afuera está todo oscuro. Tú tienes sueño; empiezas a dormitar. De pronto sientes un sobresalto: ¡El tren está caminando para atrás! Está rodando, rodando rápidamente en dirección contraria a la que llevaba antes. ¡Está regresando a tu pueblo!

Pero ¿por qué la gente que va en el tren está tan tranquila? ¿No se ha dado cuenta? O quizá eres tú el que anda equivocado. A lo mejor el tren está yendo hacia adelante. No, porque tú sientes clarísimo que camina hacia atrás...

De pronto se ven unas luces; el tren pasa junto a unas casas iluminadas. Entonces ves que realmente van caminando para adelante. ¡Uf! ¡Qué bueno! Te reclinas tranquilo en el asiento y miras por la ventana. Ahora todo está oscuro otra vez y el tren corre que te corre. Cierras los ojos y te pones a pensar: ¡Qué chistoso que sintiera yo clarito que el tren iba al revés! ¿Y si trato de sentir otra vez lo mismo?

Haces un esfuerzo; como que cambias una palanquita dentro de tu cabeza. ¡Ya! ¡Ya estás sintiendo en tu espalda que el tren va para atrás! Sí, está corriendo, corriendo, corriendo en la otra dirección. ¡Mejor no, mejor que vaya hacia donde tiene que ir! Hay que hacer otra vez un esfuerzo, hay que cambiar otra vez la palanquita.

Aprietas los ojos, inclinas el cuerpo hacia adelante y

afuera *adv.*	外面
dormitar *intr.*	打瞌睡
sobresalto *m.*	惊吓
atrás *adv.*	向后面
quizá *adv.*	或许
iluminado *adj.*	照亮的
reclinarse *prnl.*	靠着，倚着
chistoso *adj.*	可笑的
palanquita *f.*	杠杆；控制杆
apretar *tr.*	闭紧

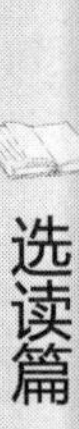

选读篇

logras por fin cambiar nuevamente el rumbo del tren. ¡Qué alivio! Sí, vamos bien. Te reclinas en el asiento y te duermes tranquilamente. Si no has viajado de noche en un tren, quizá de todos modos te ha pasado lo mismo, en un camión, por ejemplo, o en un coche. Y tampoco hace falta que esté oscuro: cualquier momento es bueno, con tal de que cierres bien los ojos y pongas todo tu empeño en imaginarte que vas al revés...

Margit Frenk Alatorre[①]

(322 *palabras*)

rumbo *m.*	方向
alivio *m.*	轻松
empeño *m.*	努力

UN SAFARI EN KENIA

Esta impresionante historia le ocurrió a Alba el año pasado.

Alba se fue de safari a Kenia con toda su familia y con su aparato de música. ¡No se quitaba los auriculares ni para irse a la cama!

Esa mañana, los padres de Alba, antes de salir del hotel, le dijeron:

—Deja aquí el dichoso aparatito, que si no, no oirás el verdadero sonido de la naturaleza.

—Os prometo que lo usaré solo durante el viaje —aseguró Alba.

Tomaron un *jeep*, cargaron las cámaras fotográficas y llegaron a la sabana. Primero vieron una manada de jirafas,

safari *m.*	旅行
Kenia	肯尼亚
auricular *m.*	耳机
dichoso *adj.*	烦人的，讨厌的
cargar *tr.*	装，装载
sabana *f.*	大草原
manada *f.*	（野兽）群

① Margit Frenk Alatorre (1925—), filóloga, hispanista, folclorista y traductora germano-mexicana.

luego otra de rinocerontes, una familia de elefantes, cebras, leones, ñus...¡Era increíble!

Aunque no les dejaban bajarse del vehículo, se quedaron bastante tiempo allí, disfrutando como locos.

Al cabo de un rato, el guía miró el reloj y, al ver que ya era tarde, se dispuso a arrancar el *jeep*. Pero el vehículo no se puso en marcha. Lo intentó una y otra vez, y nada, imposible.

Entonces, todos se miraron como diciendo "qué vamos a hacer aquí, cómo vamos a salir". Así pasaron algunas horas.

Al principio, los animales no se acercaban, pero al cabo de un rato, llegó una manada de leones y empezó a oler el *jeep* como si fuera un alimento de primera calidad. Los de dentro contenían la respiración y se preguntaban una y otra vez qué hacer para salir de allí. No había ni un poblado ni un coche en más de doscientos kilómetros a la redonda. Los leones seguían rodeando el coche, mirándolos a todos con cara de hambre.

La cosa empezó a cambiar cuando llegó otro vehículo y se acercó a ver qué les pasaba. Por lo menos, ya tenían un coche para volver. Pero los leones seguían allí parados, relamiéndose, y Alba y su familia no podían cambiarse de *jeep* de ninguna manera.

Para entretenerse un poco, Alba se puso los auriculares y empezó a oír su canción favorita. Entonces tuvo una idea.
—¡Mamá, mamá! —dijo—. ¿No dicen que la música amansa a las fieras? ¿Por qué no ponemos la música a tope? Así, los leones se estarán quietos y podremos salir.

—No tenemos nada que perder, así que vamos a probar —contestó el guía.

Entonces subieron el volumen todo lo que pudieron y

rinoceronte *m.* 犀牛
ñu *m.* 角马
reloj *m.* 手表
arrancar *tr.* 启动
a la redonda 在周围
favorito *adj.* 最喜爱的
amansar *tr.* 使平静
a tope 到极限

选读篇

tiraron el aparato bastante lejos. Los leones se fueron hacia allí corriendo y, como atraídos por un imán irresistible, se sentaron en círculo a oír la música. Y en ese momento, todos aprovecharon para trasladarse de un *jeep* a otro, arrancar el vehículo y salir de allí pitando.

(432 *palabras*)

imán *m.* 吸引力；磁铁

irresistible *adj.* 不可抗拒的

salir pitando 快速离开

UNIDAD 5

SOBRE EL SUEÑO

5-0

Dichos y refranes

Donde fuego se hace, humo sale.

——无风不起浪；事出有因。

Del dicho al hecho hay un gran trecho.

——说来容易做来难。

Dos cabezas piensan mejor que una.

——三个臭皮匠赛过诸葛亮。

Donde manda capitán no manda marinero.

——家有千口，主事一人。

Después de la tormenta viene la calma.

——否极泰来。

必读篇

5-1 TEXTO 1

UN SUEÑO EXTRAÑO

Antes de leer:

1. ¿Qué son los sueños?
2. ¿Has tenido algún sueño extraño?

Ayer tuve un sueño muy extraño. Antes yo nunca soñaba, pero no sé por qué últimamente sueño mucho. En este sueño de anoche yo estaba en un desierto. Tenía mucha sed y mucha hambre. Mi ropa estaba mojada de tanto calor que hacía. Estaba solo. A mi alrededor no había más que arena y cielo, un cielo inmenso y azul. Me sentía muy cansado.

Mientras caminaba, pensaba solo en agua y comida. De pronto, a lo lejos vi un castillo. Era un castillo enorme, con torres muy altas de un material que brillaba mucho bajo el sol, como si fuera de oro. Caminé más rápido. Cuando llegué, vi que la puerta del castillo estaba abierta, así que entré.

Por dentro, el castillo era precioso. Los muebles eran de madera muy fina. Tenía muchas habitaciones, pero todas estaban vacías. En la cocina encontré manjares deliciosos y excelentes vinos. Decidí comer y después me acosté a dormir. Cuando me desperté, una mujer muy hermosa estaba a mi lado. Me cantaba canciones en una lengua desconocida para mí y me besaba con mucha ternura. Yo trataba de decir algo, pero en ese momento ella empezó a bailar una danza muy exótica, que me

torre *f.* 塔，塔楼

mueble *m.* 家具

ternura *f.* 温柔

exótico *adj.* 奇异的

dejó sin respiración. El baile duró cinco o seis minutos. Una vez terminado el baile, la mujer abandonó la habitación.

La busqué por todo el castillo, pero no pude encontrarla. Mientras la buscaba, descubrí un maravilloso jardín interior en la parte sur del castillo. Allí se veía todo tipo de árboles frutales y flores de colores y fragancias bellísimas. Me acerqué a un árbol que daba frutos grandes y jugosos. Extendí la mano para tomar uno de esos frutos, pero cuando miré mi mano para ver mejor lo que había cogido, no encontré nada más que un reloj despertador que sonaba interminablemente.

(305 *palabras*)

sur *m.* 南部，南方

frutal *adj.* 结果实的

Ejercicios

I. Di si son verdaderas o falsas las siguientes oraciones según el texto. En caso de ser falsas, corrígelas oralmente:

1. (　　) El hombre soñaba con frecuencia cuando dormía.
2. (　　) Siempre ha tenido el mismo sueño de estar en un desierto.
3. (　　) En el sueño, él estaba muy cansado y tenía sed y hambre.
4. (　　) A lo lejos se veía un castillo brillante y enorme.
5. (　　) En la cocina del castillo, había platos deliciosos y excelentes vinos, pero el hombre no pudo comerlos ni beberlos.
6. (　　) Había una mujer que lo besaba con ternura y bailaba, luego se fue de la habitación.
7. (　　) Al buscar a la mujer que le había bailado, el hombre llegó a un jardín maravilloso.
8. (　　) Fue un reloj despertador que lo despertó del sueño.

II. Cuestionario:

1. ¿En su sueño qué encontró el hombre en el castillo?
2. ¿Por qué tendría el hombre un sueño como ese?
3. ¿Podrías contar algún sueño tuyo que te haya impresionado mucho?

5-2 TEXTO 2

EL ROBANIDOS

Antes de leer:

1. ¿Has visto algún nido de pájaros?
2. ¿Sabes cómo cuidan los pájaros a sus crías?

Había una vez un niño que coleccionaba huevos de pájaro. Se subía a los árboles en busca de nidos, y cuando encontraba uno, se llevaba los huevos. Luego guardaba cada huevo en una cajita con tapa transparente. Y ponía un poco de algodón debajo para que no se rompiera.

Un día, encontró un gran nido de mirlo, pero cuando estaba a punto de coger los huevos, llegó mamá mirlo y le dio un picotazo en una mano. No le hizo daño, pero el niño se asustó. Así que bajó del árbol a toda prisa y se fue a su casa.

Esa noche, cuando estaba en la cama, oyó un ruido muy fuerte y vio horrorizado que un mirlo enorme entraba por la ventana de su habitación. Era tan grande como un caballo y tenía un pico que parecía una espada.

El mirlo gigante cogió al niño con sus garras, desplegó las alas y se lo llevó volando. Al cabo de un rato, llegaron a una gran cueva en lo alto de una montaña. Entonces, el mirlo abrió una caja y metió al niño dentro.

—¿Qué me vas a hacer? —preguntó el niño.

—Te voy a guardar en esta caja, porque igual que tú haces colección de huevos, yo hago colección de niños.

El pobre niño rogó llorando:

coleccionar *tr.* 收集

tapa *f.* 盒盖；盖子

algodón *m.* 棉花

mirlo *m.* 乌鸫

picotazo *m.* 啄

horrorizado *adj.* 恐惧的

espada *f.* 剑

desplegar *tr.* 展开

—¡Por favor, déjame volver a mi casa! Mis padres sufrirán mucho si mañana ven mi casa vacía.

—También los pájaros a los que robas los huevos sufren mucho cuando encuentran su nido vacío.

Aterrorizado ante la idea de pasarse el resto de su vida en aquella caja, el niño intentó salir, pero tropezó y se dio un batacazo… ¡contra el suelo de su habitación!

¡Uf! ¡Menos mal! ¡Todo había sido un sueño y acababa de despertarse al caer de la cama!

A partir de entonces, el niño no volvió a robar huevos de los nidos. Y, en vez de coleccionar huevos, se dedicó a coleccionar sellos, que es una actividad mucho más pacífica.

Carlo Frabetti[①]

(332 *palabras*)

batacazo *m.* 跌倒

sello *m.* 邮票

pacífico *adj.* 和平的，平和的

Ejercicios

I. Pon en orden las siguientes oraciones según el texto:

1. ( ) El niño empezó a coleccionar sellos.
2. ( ) El niño guardaba cada huevo en una caja con tapa transparente.
3. ( ) El mirlo llegó a una cueva y metió al niño en una caja.
4. ( ) El niño se despertó al caer de la cama.
5. ( ) El niño encontró un gran nido de mirlo.
6. ( ) Al niño le gustaba coleccionar huevos de pájaro robando nidos.
7. ( ) Un enorme mirlo entró en la habitación del niño y se lo llevó.
8. ( ) Al ver al niño robar huevos en su nido, mamá mirlo le dio un picotazo en la mano.

① Carlo Frabetti (1945—) , escritor, guionista de televisión y crítico de cómics italiano.

II. Cuestionario:

1. ¿Has tenido un sueño relacionado con lo que ha ocurrido en la vida real? Cuéntanos cómo era el sueño.
2. ¿Coleccionas algo? ¿Cómo lo haces?
3. ¿Qué reflexionas después de leer este cuento?

5-3 TEXTO 3

EL SUEÑO DE DOÑA PALMIRA

Antes de leer:

1. ¿Hasta qué número sabes contar en español?
2. ¿Conoces alguna historia sobre los números?

—¿Qué hora debe de ser? —pregunta doña Palmira asomándose a la ventana de su casa—. Pero, ¡qué es esto! Han desaparecido los números del reloj del campanario.

Ante sus ojos aparecía el reloj redondo y blanco como un gran queso. Las agujas giraban sin señalar número alguno.

La noticia se extendió rápidamente por todo el pueblo.

Angelines y Eduardo, dos chiquillos que vivían en la calle Mayor, se enteraron de lo ocurrido y se dispusieron a hacer de detectives privados. ¡Buscarían los números del reloj!

Muy animados, iniciaron la búsqueda. Buscaron en las sopas de letras[①] y números, en las libretas y entre las páginas de los libros de la biblioteca, pero... ni rastro de los números.

Cansados de tanto caminar, Angelines y Eduardo se

doña *f.* 唐娜（对女士的尊称）

aguja *f.* 指针；针

girar *intr.* 旋转

privado *adj.* 私人的

libreta *f.* 笔记本

① "La sopa de letras" es una sopa o caldo de macarrones que tienen forma de letras (alfabeto) y números, los cuales están revueltos flotando en el caldo. Por ello, la expresión "buscar en la sopa de letras" equivale a tratar de encontrar "palabras" o "números".

必读篇

sentaron en un banco del parque. De pronto, descubrieron que el número 2 estaba con unos patos y nadaba en el estanque.

banco *m.* 长椅

Al rato, vieron el 8 en la estatua de don Hilario, como si de unas gafas se tratara. El 6 estaba colgado en un árbol, parecía una pera bien redonda. El 0 giraba en una de las ruedas de la bicicleta de Eva. El 9 se había metido entre los globos azules, verdes y rojos que vendía la señora Mercedes. El 5 bebía agua de la fuente y, a su lado, el 7 y el 1 esperaban pacientemente su turno. El 4 y el 3 estaban tomando el sol sentados en un banco.

pera *f.* 梨子

turno *m.* （轮到的）班，次

Angelines y Eduardo explicaron al alcalde dónde se encontraban los números y cómo estaban disfrutando. Entre todos pensaron que la mejor solución sería pintar otros números en la esfera del reloj. Y así lo hicieron...

esfera *f.* 表盘

—¿Qué hora es? —se pregunta soñolienta doña Palmira.

Asoma su nariz por la ventana, y ve que el reloj del campanario marca las 3 de la madrugada.

marcar *tr.* 显示（时间）

—¡Uf! He soñado que los números del reloj del campanario habían desaparecido. ¡Menudo sueño!

menudo *adj.* 好一个（感叹句中）

(322 *palabras*)

Ejercicios

I. Di si son verdaderas o falsas las siguientes oraciones según el texto. En caso de ser falsas, corrígelas oralmente:

1. (　　) Doña Palmira ha soñado que los números del reloj del campanario habían desaparecido.
2. (　　) Junto con los números, el reloj también se perdió.
3. (　　) Todo el mundo estaba enterado de la desaparición de los números.
4. (　　) Dos chiquillos eran detectives privados y se pusieron en averiguar lo ocurrido.

5. ( ) No pudieron encontrar los números y los dos abandonaron la búsqueda.
6. ( ) No tuvieron más remedio que pintar otros números en el reloj.
7. ( ) Cuando se despierta doña Palmira, el reloj de la casa marca las tres de la madrugada.

II. Busca en la columna B lo que estaban haciendo o donde se encontraban los números cuando los descubrieron los dos niños:

Columna A	Columna B
( ) el número 0	a. tomando el sol.
( ) el número 1	b. nadando en el estanque.
( ) el número 2	c. bebiendo agua de la fuente.
( ) el número 3	d. colgado en un árbol.
( ) el número 4	e. metido entre unos globos.
( ) el número 5	f. esperando su turno de beber agua.
( ) el número 6	g. estando en una estatua.
( ) el número 7	h. colocado en una de las ruedas de una bicicleta.
( ) el número 8	
( ) el número 9	

选读篇

5-4 TEXTO 4

EL AMIGO INVISIBLE

Durante casi una semana, Antonio Juan no oye nada del Invisible.

“A lo mejor —piensa—, todo ha sido imaginación mía”.

Su profesor preferido, el señor Ratoncito, casi todos los días le dice por lo menos una vez:

—¡Antonio Juan! No sueñes tanto y atiende.

En realidad, a él le gustaría atender. Se esfuerza muchísimo. Pero a veces, cuando está mirando la pizarra, la voz del señor Ratoncito se va alejando, alejando, y sus pensamientos cobran alas.

Precisamente ahora se encuentra inmerso en sus pensamientos. Tiene una ventanita a través de la cual puede ver en el fondo marino corales y peces multicolores. De pronto aparece una serpiente marina. Mide diez metros y es más gorda que Antonio Juan.

—¡Es auténtica! —le grita el Invisible al oído.

Del susto, Antonio Juan pega un brinco. Se pone de pie sobre su silla; de ahí salta al pupitre y chilla lo más alto que puede:

—¡Noooo!

Todos se quedan mirándolo. El señor Ratoncito se le acerca.

atender *intr.* 专心，专注

esforzarse *prnl.* 努力，尽力

pizarra *f.* 黑板

alejarse *prnl.* 远离，离开

cobrar alas （此处）插上翅膀

inmerso *adj.* 陷入的；专心的

multicolor *adj.* 多彩的

pegar un brinco 蹦起来

pupitre *m.* 课桌

—¿Te encuentras mal?

—¡Una serpiente marina gigantesca! —balbucea Antonio Juan.

—¿Podemos ver tu serpiente marina? —pregunta en tono amable.

—Perdona —le susurra el Invisible—. Pero conviene gastar bromas de vez en cuando.

Rabioso, Antonio Juan patea con el pie derecho.

—¡No! ¡No se puede, cabeza de chorlito!

Reina el silencio.

El señor Ratoncito tiene la esperanza de no haber oído bien.

—Yo, ejem, perdone, señor. No me refería a usted.

—Entonces, ¿a quién te referías? —pregunta el señor Ratoncito.

—Hay un invisible aquí entre nosotros.

—Vaya, vaya, un invisible. Aquí en nuestra clase. ¿Dónde?

—Ni idea.

—¡Como no se le puede ver!

El señor Ratoncito frunce los labios.

—Claro. Es evidente que no se puede ver algo invisible.

Al señor Ratoncito la excusa le parece muy buena. No demasiado creíble, pero sí llena de imaginación.

Y aunque le gustan los niños imaginativos, tiene que castigarlo. De lo contrario, todo el mundo empezaría a llamarlo

balbucear *intr.* 结结巴巴地说

rabioso *adj.* 愤怒的

patear *intr.* 跺脚

cabeza de chorlito 没头脑的人

reinar el silencio 一片寂静

fruncir *tr.* 撅起

labio *m.* 嘴唇

excusa *f.* 借口

creíble *adj.* 可信的

imaginativo *adj.* 有想象力的

cabeza de chorlito. Copiará diez veces: "En nuestra clase no hay un Invisible."

copiar *tr.*	抄写

Klaus-Peter Wolf[①]

(335 *palabras*)

JAIME GLOTÓN

Como todos los días al volver del colegio, Jaime el erizo merendaba viendo sus programas de televisión favoritos.

glotón *adj.*	贪吃的
merendar *intr.*	吃午后点心

—Siempre estás comiendo y sentado delante del televisor —dijo su padre.

—Es que si me siento detrás no veo nada —contestó Jaime mientras tragaba el último trozo de un bocadillo de jamón y queso, para después atacar otro de atún con mayonesa.

atacar *tr.*	开始，着手
atún *m.*	金枪鱼
mayonesa *f.*	沙拉酱
manchar *tr.*	弄脏
miga *f.*	面包屑
parar a	落入……

—Me vas a manchar el sofá —dijo su madre.

—No te preocupes —respondió Jaime—. Hasta la miga más chiquita va a parar a mi estómago.

—¿Has hecho los deberes? —preguntó su padre.

—Siempre hago los deberes después del concurso para pequeños mamíferos —dijo Jaime mientras terminaba el bocadillo de atún con mayonesa y pelaba un plátano.

concurso *m.*	比赛，竞赛

plátano *m.*	香蕉

—¿Por qué? —quiso saber su padre.

—Porque viéndolo siempre aprendo algo.

—Deberías hacer más ejercicio—dijo su madre.

① Klaus-Peter Wolf (1954—), escritor alemán.

—¡Ya lo hago! Mira todas las cosas de la merienda, las pongo lejos con el objetivo de tener que estirarme cuando las quiero comer —dijo Jaime, y alargó el brazo para zamparse un trozo de pastel de chocolate.

estirarse *prnl.* 伸，伸展

zamparse *prnl.* 狼吞虎咽

pastel *m.* 蛋糕

—Estás engordando —observó su madre.

engordar *intr.* 发胖

—Estoy creciendo, que no es lo mismo.

—Sí..., a lo largo y a lo ancho —dijo su padre.

—Jaime, tenemos que salir para hacer la compra, no olvides hacer los deberes — advirtió su madre.

Cuando sus padres salieron por la puerta, Jaime se acomodó en el sofá con un yogur de fresa, para ver su programa preferido, "La Plasta Repugnante".

yogur *m.* 酸奶

fresa *f.* 草莓

preferido *adj.* 喜爱的

plasta *f.* 面团

repugnante *adj.* 令人厌恶的

Al principio la pantalla estaba completamente oscura. Solo se oía una música de miedo. Luego la pantalla volvió a oscurecerse y sonó un horrible eructo. Algo se aproximaba más... más, y de repente, ¡allí estaba! Jaime se sobresaltó tanto que se tragó la tarta de manzana que se estaba comiendo.

eructo *m.* 打嗝儿

sobresaltarse *prnl.* 大吃一惊

En la pantalla, la Plasta Repugnante lo miraba fijamente y le dijo:

—Yo vivo aquí, en esta caja, y estoy hasta las narices. Ahora te toca a ti.

estar hasta las narices 非常厌烦

Y diciendo esto salió de la pantalla, dio un empujón a Jaime y lo metió en la televisión sin que el cristal se rompiese.

Así estaba Jaime, dentro del televisor, mirando su propio cuarto de estar. Veía cómo la Plasta, tumbada en el sofá, comía y tragaba sin parar.

cuarto de estar 起居室

—¡Socorro, socorro! —gritaba Jaime.

socorro *interj.* 救命！

—¡Despierta, cariño! ¿Qué soñabas? Estabas dando unos

gritos espantosos —lo consoló su madre.

Jaime, sin habla, se fue a la cama. A la mañana siguiente, su padre le dijo:

—¡Buenos días! Me imagino que ahora verás tu programa preferido.

—Pues... ¡mira por dónde!, hoy no pienso ver la tele —dijo Jaime, y salió para echar una carrerita antes del desayuno.

Russell Hoban[①]

(429 *palabras*)

espantoso *adj.* 可怕的

① Russell Hoban (1925—2011), escritor norteamericano. Tiene publicados más de cincuenta libros infantiles.

UNIDAD 6

SOBRE REYES O EMPERADORES

6-0

Poesía

VIENTO DEL NORTE

El viento es un mar sin dueño
que lame la noche inmensa,
la noche no tiene sueño.
Y el hombre, entre sueños;
y el hombre sueña, dormido,
que aúlla a sus pies tendido
para lamerle el ensueño.
Y aún no ha sonado la hora,
la noche no tiene sueño:
¡alerta la soñadora!

Dámaso Alonso[①]

① Dámaso Alonso (1898—1990), literato y filólogo español, miembro de la Real Academia de la Historia y Premio Miguel de Cervantes de 1978.

6-1

EL RUISEÑOR DE LA CHINA

Antes de leer:

1. ¿Qué es un ruiseñor?
2. ¿Conoces otros pájaros que cantan bien?

En un lejano bosque de la China vivía hace tiempo un ruiseñor de voz prodigiosa. Todas las gentes admiraban el canto de aquel pájaro extraordinario. Un día, su fama llegó a oídos del emperador.

—¿Cómo es posible? —dijo—. En mis bosques hay un ave maravillosa y nadie me lo había dicho. ¡Traedla! ¡Quiero que cante para mí!

Los servidores del emperador fueron al bosque. Allí encontraron al ruiseñor y le pidieron que fuera a cantar al palacio. El ruiseñor aceptó.

Cuando el emperador escuchó al ruiseñor, lloró emocionado por la hermosura de sus trinos. Desde entonces, el pajarillo vivió en el palacio y se convirtió en el mejor amigo del emperador.

Un día, el emperador recibió como regalo un ruiseñor de metal que cantaba al darle cuerda. El emperador comenzó a pasar los días sentado en su trono escuchando al ruiseñor mecánico. Por eso, el ruiseñor de verdad decidió abandonar el palacio.

prodigioso *adj.*	奇妙的
servidor *m.*	仆人
emocionado *adj.*	激动的
hermosura *f.*	美妙；漂亮
metal *m.*	金属
dar cuerda	上弦
mecánico *adj.*	机械的

—No os preocupéis, majestad —le dijeron al emperador—. Tenéis al ruiseñor mecánico.

Desde entonces solo se escucharon en el palacio los trinos del ruiseñor mecánico, hasta que un día aquel pájaro dejó de funcionar.

El relojero real intentó arreglarlo, pero no lo consiguió. Entonces, el emperador se puso muy triste y enfermó gravemente. Nadie encontraba remedio para él. Ni los médicos más famosos sabían qué hacer para salvarle la vida.

relojero *m.*	钟表匠
real *adj.*	王室的
enfermar *intr.*	得病，生病

Una tarde, el ruiseñor volvió al palacio y se posó en la ventana del emperador. El pajarillo había oído que el emperador estaba muy enfermo y había vuelto para alegrarlo. Cuando el emperador lo vio, se quedó muy sorprendido.

—Gracias —dijo—. Yo me porté mal contigo, y tú, en cambio…

—No digas eso —contestó el ruiseñor—. Tú lloraste de emoción el primer día que canté para ti. Nunca lo olvidaré.

El ruiseñor empezó a cantar y, al momento, el emperador recuperó la salud.

Desde entonces, el ruiseñor acudió todas las tardes a cantar para el emperador. Y nunca más volvieron a escucharse en palacio otros trinos que los del hermoso ruiseñor.

(342 *palabras*)

Ejercicios

I. Di si son verdaderas o falsas las siguientes oraciones según el texto. En caso de ser falsas, corrígelas oralmente:

1. (　　) La historia ocurrió en la China antigua.

2. (　　) En el bosque había un ruiseñor que cantaba muy bien, cuya fama llegó al palacio imperial.
3. (　　) El emperador fue a invitar personalmente al ruiseñor a cantar en el palacio.
4. (　　) Al escuchar el canto del ruiseñor, el emperador se quedó muy triste y lloró.
5. (　　) El ruiseñor se convirtió en un ruiseñor mecánico y pasó a ser el mejor amigo del emperador.
6. (　　) Un día el ruiseñor decidió irse porque el emperador lo había tratado mal.
7. (　　) Al saber que el emperador estaba muy enfermo, volvió al palacio el ruiseñor verdadero para alegrarle.

II. Cuestionario:

1. ¿Cómo entró el ruiseñor en el palacio para cantarle al emperador y por qué se fue luego?
2. ¿Volverías tú al palacio si fueras el ruiseñor?
3. ¿Qué piensas al leer este cuento?

6-2

TEXTO 2

EL PAVO DE NAVIDAD

Antes de leer:

1. ¿Sabes en qué fecha cae la Navidad?
2. ¿Has comido alguna vez pavo en la Navidad?

Había una vez una pobre viuda que tenía muchos hijos. Aunque trabajaba sin descanso, solo tenía dinero para comprar lo justo para vivir. Y llegó la Navidad.

—Mamá, ¿por qué has matado el único pavo que quedaba? Con la sopa era suficiente— dijo Juanito, el hijo mayor.

—Hoy es Nochebuena y mañana es Navidad y he querido prepararos una buena cena— respondió la buena mujer.

viuda *f.* 寡妇

Navidad *f.* 圣诞节

pavo *m.* 火鸡

Nochebuena *f.* 圣诞夜

—Mamá, confía en mí, yo sabré sacarle más rendimiento.

Así pues, cogió la fuente con el pavo y se fue al palacio. Cuando estuvo ante el rey, le mostró el pavo y dijo:

—Majestad, mañana es Navidad. Mi familia es pobre, pero como sois tan bondadosos, os damos todo lo que tenemos.

"Vaya —pensó el rey—, quiere pasarse de listo. Seguro que espera una recompensa". Entonces, el rey dijo:

— Confieso que me has dejado asombrado. Reparte tú mismo el pavo entre mi familia. Solo si todo el mundo queda satisfecho con su parte te daré una bolsa llena de monedas.

—Majestad, vos[①] pensáis en todo, sois la cabeza pensante de este país, ¡Aquí tenéis la cabeza del pavo! —luego, dijo Juanito dirigiéndose a la reina—. Y vos Alteza, sentada en este trono vigiláis y dais las órdenes para que todo funcione en el palacio. Aquí tenéis el pedazo que os corresponde— y le dio la rabadilla.

Entonces cortó las patas y dio una a cada hijo diciendo:

—Mis jóvenes señores, pronto iréis a recorrer el mundo. ¿Acaso no es este el pedazo que más os conviene?

Y para cada hija cortó las alas:

—Hermosas doncellas, no tardaréis en dejar el palacio y volar con vuestros esposos a otro hogar. Aquí tenéis, pues, vuestra parte. El resto será para los pobres, así que me lo llevaré a mi familia para que cenemos esta noche.

Cuando el rey salió de su asombro, dijo:

—Eres muy listo, muchacho. Además de casi todo el pavo, te llevarás la bolsa cargada de monedas. Deseo que tú y

rendimiento *m.* 收益；效益

fuente *f.* 大盘子

bondadoso *adj.* 善良的，好心的

pasarse de listo 聪明过头

confesar *tr.* 承认，坦白

pensante *adj.* （善于）思考的

rabadilla *f.* （鸟类）尾部

① 【古】您的尊称。现在某些场合还会使用，相关动词变位同vosotros。

tu familia paséis un feliz día de Navidad.

Juanito regresó a casa feliz y satisfecho.

Adaptación de un cuento popular francés

(347 *palabras*)

Ejercicios

I. Elige de la columna A la parte del pavo que le ha tocado a cada uno, y busca en la columna B la razón de la selección:

1. El rey ( ) ( )
2. La reina ( ) ( )
3. Los hijos de los reyes ( ) ( )
4. Las hijas de los reyes ( ) ( )
5. Juanito y su familia ( ) ( )

Columna A	Columna B
A. las patas del pavo	a. porque siempre estaba sentada en el trono vigilando y dando órdenes para que todo funcionara en el palacio.
B. la cabeza del pavo	b. porque eran pobres, el pavo sería la cena de toda la familia.
C. la mayor parte del pavo	c. porque era la cabeza pensante del país.
D. las alas del pavo	d. porque iban a dejar el palacio y volar con sus esposos a otro hogar.
E. la rabadilla del pavo	e. porque iban a recorrer el mundo.

II. Cuestionario:

1. ¿Por qué se dijo que el joven era muy listo?
2. ¿Si fueras el joven, cómo repartirías el pavo?
3. ¿Qué otros platos típicos se comen en la Navidad?

6-3 TEXTO 3

EL JARRÓN DEL LAGO

Antes de leer:

1. ¿Has visto en alguna ocasión imágenes reflejadas en el agua?
2. ¿Es importante la inteligencia para ti?

Había una vez un rey que necesitaba un primer ministro para su país. Y quería una persona inteligente para ocupar ese cargo.

primer ministro 首相，总理

—Anunciad por todo el reino que busco una persona joven e inteligente —dijo a sus mensajeros—. Y decid a todos los aspirantes que deben superar una única prueba: rescatar un jarrón de oro que se ve en el fondo del lago.

aspirante *m.* 候选者
superar *tr.* 通过
prueba *f.* 考核，考试
jarrón *m.* 大罐子

El día de la prueba acudieron al lago cientos de muchachos. Todos los jóvenes estaban seguros de poder rescatar el jarrón. Así que, uno tras otro, se iban zambullendo en el agua y buceaban por el fondo del lago. Pero, al cabo de un rato, todos regresaban con las manos vacías.

zambullirse *prnl.* 跳入水中
bucear *intr.* 潜水

Desde la orilla, una muchacha observaba extrañada lo que ocurría. El jarrón brillaba bajo las aguas, pero nadie conseguía rescatarlo. Aquello resultaba bastante misterioso.

extrañado *adj.*吃惊的，诧异的

Cuando acabó la prueba, la muchacha corrió a contarle a su abuelo lo sucedido. El anciano era muy sabio, pues los años le habían permitido aprender muchas cosas.

—El jarrón se ve bajo las aguas, pero nadie consigue sacarlo de allí —le explicó la muchacha al anciano.

El abuelo se quedó callado unos minutos. Luego preguntó:

callado *adj.* 一声不响的

—¿El lago está rodeado de árboles que se reflejan en el agua?

—Sí —respondió su nieta.

—Pues lo mismo ocurre con el jarrón. ¡El jarrón está en un árbol! Y lo que todos ven es su imagen reflejada en las aguas.

imagen *f.* 倒影，影像

—¡Claro! ¿Cómo nadie se ha dado cuenta? —exclamó ella.

Entonces la joven regresó al lago. Se presentó ante el rey y le pidió la oportunidad de rescatar el jarrón. Y así, ante la sorpresa de todos, la muchacha, en vez de sumergirse en las aguas, trepó a un árbol y se apoderó del jarrón.

—¿Cómo has descubierto dónde estaba? —le preguntó el rey.

—Majestad, en realidad fue mi abuelo quien lo descubrió.

Al rey le maravilló la sabiduría del anciano. Así que ordenó que lo llevaran a su presencia y lo nombró consejero. En cuanto a la joven, fue proclamada primera ministra.

maravillar *tr.* 使惊奇；令人惊异

nombrar *tr.* 任命

proclamado *adj.* 宣布（就任）的

Y, según cuentan, la muchacha desempeñó muy bien su cargo durante muchos años, porque nunca dejó de escuchar los sabios consejos de su abuelo.

desempeñar *tr.* 担任

Sagrario Luna[①]

(365 *palabras*)

① Sagrario Luna, autora y editora española.

Ejercicios

I. Di si son verdaderas o falsas las siguientes oraciones según el texto. En caso de ser falsas, corrígelas oralmente:

1. (　　) El rey necesitaba un joven inteligente para ser el primer ministro.
2. (　　) La única prueba que debían superar era bucear en un lago.
3. (　　) Todos los jóvenes que habían acudido creían que podían superar la prueba.
4. (　　) Ninguno de los jóvenes logró realizar lo que pedía el rey.
5. (　　) Fue el abuelo de una muchacha quien descubrió el misterio.
6. (　　) Por fin la muchacha encontró el jarrón de oro en el lago.
7. (　　) La joven fue nombrada consejera del país.

II. Cuestionario:

1. ¿Por qué los jóvenes que habían acudido al lago no pudieron encontrar el jarrón?
2. ¿Por qué el rey nombró al anciano consejero?
3. ¿Para ti, cuál será la cualidad más importante de un gobernante?

EL CALIFA CIGÜEÑA

Hace muchísimo tiempo, en un lugar del Oriente, vivía un Califa[①] llamado Jasid.

Un día, estaba Jasid asomado a una ventana del palacio, cuando vio un mercader que pregonaba sus mercancías. Lo mandó llamar y le compró varios objetos.

—Buen Califa, permitidme que os haga un obsequio —dijo el mercader con voz algo misteriosa. Y le regaló una cajita.

Cuando el mercader hubo marchado, el Califa abrió la cajita y vio que contenía un mensaje que decía así: "Esta caja es mágica. Quien la posea podrá transformarse en el animal que desee; bastará con decir la palabra *mutábor*. Pero no podrá reírse, pues olvidaría la palabra."

—Siempre deseé viajar y los asuntos de gobierno nunca me lo permitieron. ¡Quiero ser una cigüeña! ¡*Mutábor*!

Jasid se convirtió en cigüeña, y emprendió el viaje.

—¡Qué pequeñas se ven las cosas desde aquí arriba! —decía el Califa cigüeña, agitando sus alas sin cesar.

Cansado de volar, reposó junto a un lago. Al ver reflejada su figura en el agua cristalina, se le escapó una carcajada.

pregonar *tr.*	叫卖
mercancía *f.*	商品，货物
obsequio *m.*	礼物
contener *tr.*	装有，含有
poseer *tr.*	拥有
bastar (con) *intr.*	足够
agitar *tr.*	挥动
figura *f.*	相貌，容貌
cristalino *adj.*	清澈的

① 哈里发是中世纪阿拉伯国家和奥斯曼帝国的君主称号。

—¡Ja, ja, ja! Menuda facha —exclamó Jasid tronchándose de risa. Y, en ese momento, olvidó la palabra mágica.

—He olvidado la palabra mágica. ¡Qué será de mí! —dijo el Califa cigüeña muy apenado.

Casualmente, una lechuza que pasaba por allí oyó los lamentos del Califa, y le dijo:

—Yo te puedo ayudar, pero prométeme que te casarás conmigo.

—Nunca había pensado casarme con una lechuza. En fin, no puedo elegir. ¡Me casaré contigo! —respondió el Califa.

La lechuza condujo al Califa hasta una cueva. Allí estaba el mercader hablando con unos amigos explicándoles que Jasid había olvidado la palabra mágica *mutábor*, y que él tomaría la forma del Califa y ocuparía el trono.

Al oír esto, la lechuza y el Califa cigüeña volaron veloces hasta palacio. Una vez dentro, pronunciaron la palabra mágica *mutábor*, y cuál fue la sorpresa de Jasid, al ver que su prometida, la lechuza, se transformaba en una bella joven. Ella también había sido engañada por el malvado mercader.

¡Ah! El Califa y la joven princesa se casaron y vivieron felices.

(350 *palabras*)

facha *f.* 模样

troncharse de risa 笑得直不起腰

casualmente *adv.* 偶然地

lechuza *f.* 猫头鹰

lamento *m.* 哀叹；抱怨

en fin 总之

conducir *tr.* 带领，引领

EL TRAJE NUEVO DEL EMPERADOR

En un lejano país vivía un emperador al que le gustaba

vestir con elegancia. Tenía trajes para cada hora del día, para salir a cazar, para almorzar en palacio, para ir al consejo real.

Un día, llegaron al reino un par de truhanes que se hacían pasar por tejedores. Gritaban a los cuatro vientos que confeccionaban las telas más hermosas. Estas telas tenían una virtud, solo podían verlas aquellas personas que eran extremadamente inteligentes.

Cuando llegó a oídos del emperador esta noticia, salió rápidamente a buscar a los tejedores para encargarles un gran traje.

Los falsos tejedores le tomaron medidas y le pidieron un adelanto por el trabajo, que el rey pagó gustosamente.

A los pocos días, el emperador quiso saber cómo iba su encargo y mandó a uno de sus ministros.

"Así —pensó—, además, sabré si mi ministro es inteligente."

El ministro fue a ver la tela y cuál fue su asombro al encontrar a los tejedores moviéndose alrededor de un telar que no tenía hilos. Como pensó que esto podía perjudicarle, al volver a palacio, explicó al emperador que era la tela más hermosa que sus ojos habían visto jamás.

A las pocas semanas, el emperador, impaciente por ver su traje, mandó a su secretario para que le informara de los avances.

Al igual que le había pasado al ministro, el secretario se quedó sorprendido al no ver nada en el telar. El miedo se apoderó de él y comunicó al emperador su admiración por el traje.

Por fin llegó la fiesta de la ciudad, el día previsto para

elegancia *f.* 考究；奢华
traje *m.* 衣服
cazar *tr.* 打猎
un par de 一对，两个
truhán *m.* 骗子
tejedor *m.* 织工
a los cuatro vientos 大肆张扬地
confeccionar *tr.* 制作（衣服）
tela *f.* 布料
virtud *f.* 特性

falso *adj.* 假的
tomar medidas 量尺寸
adelanto *m.* 预付款
gustosamente *adv.* 愉快地

telar *m.* 织布机
hilo *m.* 线；丝
perjudicar *tr.* 损害，伤害

admiración *f.* 赞美；钦佩

estrenar el nuevo traje. El emperador se acercó a casa de los pícaros.

— ¡Sensacional! Será el hombre más elegante de la fiesta —dijo uno de ellos.

"Pero si no veo nada —pensó el emperador—. ¿Seré tonto acaso? ¿No serviré para emperador?"

Asustado por no poder ver nada y temeroso de que pudieran descubrirlo, dejó que los estafadores le quitaran sus ropas y le pusieran el nuevo traje.

Todos los habitantes de la ciudad estaban en las calles esperando ver al emperador. Cuando este apareció, alabaron su traje aunque ninguno de ellos lo veía.

—¡Pero si no lleva nada! —gritó entonces un niño.

Y todos, dándose cuenta de la verdad, gritaron a la vez:

—¡El emperador está desnudo!

El emperador, aun sabiendo que su traje no existía, aguantó hasta el final del recorrido con sus pajes llevándole la cola inexistente.

Cuento popular

(408 *palabras*)

estrenar *tr.* 初次使用

pícaro *m.* 无赖

sensacional *adj.* 极好的，太好了

temeroso *adj.* 害怕的

estafador *m.* 骗子

desnudo *adj.* 裸体的

paje *m.* 随从

inexistente *adj.* 不存在的

UNIDAD 7

CUENTOS POPULARES (II)

7-0

Poesía

COLORES

El azul no quiere ver
ni en pintura al amarillo,
que este la vergüenza pierde,
y aunque parece querer
confiarse al pobrecillo,
¡al final lo pone verde!

Mar Pavón[①]

① Mar Pavón (1968—), de Manresa, autora de libros de cuentos y poesía infantiles.

必读篇

7-1 TEXTO 1

EL SEÑOR, EL NIÑO Y EL BURRO

Antes de leer:

1. ¿Has montado en un burro?
2. ¿Qué crees que podrá ocurrir entre los tres?

Venía un señor por el camino, con un niño como de once años, que era su hijo. Y venía también un burro, que le servía al señor para cargar leña. Pero el señor ya había vendido la leña, y además estaba cansado, de manera que se montó en el burro.

En esto se encontraron con unas personas que venían por el mismo camino. Y cuando ya pasaban las personas, el señor oyó que decían: "¡Qué viejo tan egoísta! Va él muy montado en el burro, y el pobrecito niño a pie."

egoísta *adj.* 自私的

Entonces el señor se bajó del burro y le dijo a su hijo que se montara. Caminaron así un rato, el niño encima del burro y el papá a un lado, a pie, cuando en esto se encontraron con otras gentes. En el momento de pasar, el señor oyó que decían: "¡Qué muchacho tan mal criado! Va él muy montado en el burro, y el pobrecito viejo a pie."

en esto 这时

Entonces el señor le dijo al niño que se bajara del burro. Siguieron así un rato, caminando los dos un poquito detrás del burro, y en esto que se encontraron con otras gentes. Y cuando ya pasaban, oyó el señor que decían: "¡Qué par de tontos! Va el burro muy descansado, sin carga, y a ninguno de los dos se le ocurre montarse."

Entonces el señor se volvió a montar y le dijo al niño que también se montara. Así iban, moviéndose los dos al mismo tiempo con el paso del burro, y en esto se encontraron con otras gentes que venían por el camino. Y cuando ya pasaban las gentes, el señor oyó que decían: "¡Qué par de bárbaros! El pobre burro ya no puede con la carga." Entonces el señor se quedó pensando un rato y le dijo al niño: "¿Ya ves, hijo? No hay que hacer mucho caso de lo que diga la gente."

Cuento popular de México

(324 *palabras*)

Ejercicios

I. Pon en orden las siguientes oraciones según el argumento del texto:

1. (   ) Al oír que los consideraban como tontos, el señor y el niño se montaron en el burro juntos.
2. (   ) El señor se bajó del burro y el niño se montó.
3. (   ) El burro le servía al señor para cargar leña.
4. (   ) Al final, el señor y el niño se montaron en el burro sin hacer caso a los comentarios de la gente.
5. (   ) Los dos caminaban a pie detrás del burro.
6. (   ) Otras gentes criticaban que el niño era mal criado por haber dejado a su padre caminando.
7. (   ) Unos caminantes decían que el viejo era demasiado egoísta.

II. Cuestionario:

1. ¿Qué harías tú en este caso si fueras el señor?
2. ¿Te has encontrado en alguna situación parecida? Cuéntalo.
3. ¿Qué reflexionas después de leer el cuento?

CARTAS A DIOS

Antes de leer:

1. ¿Te gusta escribir cartas?
2. ¿Cómo se escribe una carta?

En el mundo hay mucha gente que cree en Dios, considerando que este ayudará al ser humano cuando encuentra dificultades.

Juan era un campesino que vivía en una aldea pobre y situada lejos de la ciudad. Trabajaba la tierra con dedicación y creía mucho en Dios, pensando que tendría su favor en cualquier momento.

dedicación *f.* 专心致志

Todo el mundo sabe que la agricultura depende mucho del tiempo. Un año llovió muy poco y los sembrados murieron de sed. Los campesinos pedían una y otra vez la lluvia a Dios hasta que cierto día empezó a llover fuertemente. La lluvia duró cuatro días con sus noches y se convirtió luego en granizo, el cual destruyó todos los sembrados.

sembrado *m.* 农作物

granizo *m.* 冰雹

Juan, muy triste, no sabía qué hacer, porque tenía la cosecha perdida y, sin la cosecha, pasaría la otra mitad del año con hambre, ni podría cambiar el trigo por cosas necesarias para la vida de la familia. De repente se le ocurrió la idea de escribir una carta a Dios para pedirle ayuda. Sacó un lápiz y escribió estas palabras:

Querido Dios: me llamo Juan y soy un fiel creyente. Usted ha hecho llover demasiado y la lluvia me ha quitado toda la cosecha, y por eso no tengo nada de comer. Sálveme de la

fiel *adj.* 忠实的

creyente *m.* 信徒

miseria y envíeme 200 pesos.

El empleado de correos leyó la carta de Juan y decidió ayudarle. Recogió 150 pesos entre sus compañeros de trabajo y se los envió al pobre campesino.

Al recibir el dinero, Juan no se sentía extrañado, porque estaba seguro de que Dios le contestaría tarde o temprano satisfaciendo su deseo. Sin embargo, cuando se dio cuenta de que había solamente 150 pesos, se puso furioso. Cogió el lápiz y escribió otra carta a Dios:

Excelentísimo Señor: muchas gracias por su generosidad. Pero el empleado de correos se ha comportado muy mal y me ha quitado 50 pesos. Así que, cuando me envíe dinero la próxima vez, no lo deje en manos de la gente de correos, sino a mí directamente.

(339 *palabras*)

excelentísimo *adj.* 尊敬的
generosidad *f.* 慷慨
comportarse *prnl.* 表现

Ejercicios

I. Di si son verdaderas o falsas las siguientes oraciones según el texto. En caso de ser falsas, corrígelas oralmente:

1. (   ) Juan era un campesino que creía mucho en Dios.
2. (   ) Un año llovió mucho y Juan podría tener una buena cosecha.
3. (   ) Como todos los sembrados se destruyeron por un granizo, Juan pasaría hambre la otra mitad del año.
4. (   ) Juan escribió una carta a Dios para pedirle ayuda.
5. (   ) Los empleados de correos le quitaron 50 pesos del envío de Dios a Juan.
6. (   ) Al recibir la carta y el dinero, Juan se puso muy contento y escribió otra carta a Dios para agradecerle.

II. Cuestionario:

1. ¿Por qué Juan decidió escribir una carta a Dios?

2. ¿Si escribieras una carta a Dios, qué le pedirías?
3. ¿Podrías contar el relato con tus propias palabras?

LA HISTORIA DEL CAFÉ

Antes de leer:

1. ¿Te gusta tomar café?
2. ¿Qué tipos de café conoces?

Dicen que hace mucho un pastor de cabras de Etiopía① observó un día que sus animales mostraban un nerviosismo muy extraño, saltando toda la noche sin parar. Al día siguiente, llevó a las cabras a la montaña y, al mirar fijamente, se dio cuenta de que ellas estaban comiendo una planta que hasta entonces él no había visto. El pastor, muy curioso, decidió conocer la verdad. Preparó una bebida con las hierbas de esa planta. Después de tomarla, tampoco tenía sueño durante toda la noche. De ahí en adelante muchos amigos suyos tomaban la bebida para quitar el sueño y el cansancio.

Un día, el pastor quería secar unas semillas mojadas de la planta mencionada y las puso sobre el fuego. Por descuido, las semillas estaban tostadas, con un color negro. En vez de tirarlas, el pastor las hirvió y comprobó que la bebida era igualmente sabrosa. Estas semillas son lo que hoy llamamos café.

El consumo de las semillas de esta planta de naturaleza fantástica se extendió por Etiopía y de ahí pasó a Arabia②,

nerviosismo *m.*	兴奋
mencionado *adj.*	提及的
por descuido	不小心地
tostado *adj.*	烤焦的

① 埃塞俄比亚，位于非洲东北部。
② 阿拉伯世界。

donde la bebida tomó el nombre de *kawa*, porque tenía casi el mismo color que la piedra santa de La Meca[①], la cual se conoce con el nombre de Kaaba. Desde un principio, hubo gente que estaba en contra de su consumo, considerándola como una cosa mala. Tras duras y largas discusiones, se permitió a la gente tomarla, aunque se le aconsejó que no lo hiciera.

El café llegó a Europa por dos rutas: Una pasó por Venecia[②], adonde llegaron muchos comerciantes del imperio turco en el siglo XVI. La otra terminó en Viena[③], ciudad ocupada por los turcos durante su invasión a Europa. Cuando se marcharon los turcos, dejaron allí numerosos sacos llenos de *kawa*.

ruta *f.* 路线

turco *adj.* 土耳其的

saco *m.* 口袋

Hoy día en no pocos países se cultiva el café, y más de una tercera parte de la producción mundial proviene de Brasil. Colombia ocupa el segundo lugar entre los países productores de café en cuanto a su cantidad, pero el primer lugar en cuanto a su calidad.

producción *f.* 生产

mundial *adj.* 世界的

productor *adj.s.* 生产的; 生产者

(348 *palabras*)

Ejercicios

I. Di si son verdaderas o falsas las siguientes oraciones según el texto. En caso de ser falsas, corrígelas oralmente:

1. (　　) El café tiene su origen en África.
2. (　　) El pastor se dio cuenta de que, después de comer una planta, las cabras se calmaron.
3. (　　) El pastor hizo muchos experimentos para inventar una bebida sabrosa.
4. (　　) La palabra “café” proviene del árabe.

---

① 麦加，伊斯兰教圣地，位于沙特阿拉伯西部。
② 威尼斯，意大利东北部城市。
③ 维也纳，奥地利共和国首都。

5. ( ) En Arabia, el café fue bien acogido en un principio por la gente.
6. ( ) Colombia ocupa el primer puesto de la producción mundial del café.

II. Cuestionario:

1. ¿Cómo se descubrió el café?
2. ¿Según el texto cómo llegó el café a Europa?
3. ¿Sabes cómo se introdujo el café en América Latina?

EL GIGANTE EGOÍSTA

Había una vez un gigante que vivía en un castillo. Tenía el jardín más bonito del mundo, era grande y todo cubierto de verde y suave césped.

Un día, el gigante se marchó de viaje a un país muy lejano. Durante su ausencia, los niños del pueblo se acostumbraron a jugar en el jardín del gigante.

En primavera, el jardín se llenó de rosas, margaritas, petunias, claveles y muchas otras flores. Los pájaros se posaban en los árboles y cantaban tan deliciosamente que los niños interrumpían sus juegos para escucharlos.

—¡Qué felices somos aquí! —exclamaban contentos.

Cuando llegó el otoño, el gigante regresó a su castillo. Cuando vio a los niños jugando en su jardín, se enfadó muchísimo.

—¿Qué estáis haciendo aquí? —les gritó con voz agria.

Y los niños salieron corriendo.

—¡Este jardín es solo mío y no permitiré que nadie se aproveche de él!

Entonces construyó un alto muro alrededor y puso este cartel:

"PROHIBIDO EL PASO, EL QUE ENTRE SERÁ CASTIGADO."

ausencia *f.* 不在，缺席

acostumbrarse (a) *prnl.* 养成……习惯

margarita *f.* 雏菊

petunia *f.* 矮牵牛

clavel *m.* 康乃馨

agrio *adj.* 态度生硬的

De nuevo llegó la primavera y todo se llenó de flores y pájaros. Tan solo el jardín del gigante seguía como en invierno. Los pájaros no cantaban porque no veían a sus amigos los niños, y los árboles se olvidaron de florecer.

florecer *intr.* 开花

El gigante, sentado tras la ventana, miraba hacia su jardín y decía:

—No comprendo por qué la primavera no llega a mi jardín.

La primavera no llegó, tampoco llegó el verano, ni siquiera el otoño con sus dorados frutos.

Pasó el invierno y, un día, el gigante escuchó el canto de un pajarito. Lleno de curiosidad, salió al jardín y se quedó asombrado por lo que vio.

Los niños habían entrado por un agujero del muro y trepaban por los árboles, contentos y felices. Allí donde ponían una mano, brotaba una hoja.

Pronto, todos los árboles estuvieron más verdes que nunca. La hierba, alegre de verlos de nuevo, levantaba al cielo sus briznas.

brizna *f.* （植物的）细丝

La tierra, antes helada de pena, empezó a dar flores de todos los colores.

—¡Qué egoísta he sido! —se dijo—. Ahora entiendo por qué la primavera no ha venido hasta aquí.

El gigante había comprendido que, sin los niños, el jardín estaba muerto. En seguida, cogió un pico y... ¡tris, tras! Echó abajo el muro que había construido.

pico *m.* 镐

—A partir de ahora, mi jardín será un parque de recreo para los niños —dijo.

Desde aquel día, el gigante juega cada tarde con los niños.

Adaptación de un cuento de Oscar Wilde[1]

(407 *palabras*)

UN CHICO AFORTUNADO

Juan era un chico muy atolondrado. Un día, estuvo trabajando en una granja y ganó una moneda. Como siempre estaba en las nubes, en vez de guardársela, decidió llevarla en mano y, cuando estaba cruzando un puente, la moneda se le cayó al río.

atolondrado *adj.* 不爱思考的

Al llegar a casa, Juan le contó a su madre lo que le había sucedido.

—No te preocupes —dijo ella—. Pero recuerda que es mejor guardar las cosas en el bolsillo.

Al día siguiente, el chico estuvo cuidando unas vacas y le pagaron con una jarra de leche. Entonces, recordando las palabras de su madre, se metió la jarra en el bolsillo. Naturalmente, toda la leche se derramó por el suelo. De nuevo, Juan llegó a casa sin nada.

—¡Cómo se te ocurre meterte la leche en el bolsillo! —exclamó su madre—. ¡Tenía que haber traído la jarra en la cabeza!

Días después, Juan trabajó en una quesería y le pagaron con un queso. El muchacho se lo puso en la cabeza. Pero como hacía mucho calor, el queso comenzó a derretirse y a caerle por la cara.

quesería *f.* 乳酪店

① Oscar Wilde (1854—1900), escritor, poeta y dramaturgo irlandés.

Al verle llegar así, su madre le dijo:

—¡Anda, lávate ahora mismo! ¡Deberías haber metido el queso en un saco y traerlo a la espalda!

¡Pobre muchacho! ¡Estaba visto que nunca acertaba!

Otro día, Juan estuvo ayudando a un molinero, quien le regaló un burro como pago por su trabajo. Entonces, el chico buscó un saco vacío, metió en él al burro y salió del molino con la carga a la espalda. Como el burro era muy grande, la cabeza y la mitad del cuerpo quedaban fuera del saco. Además, como pesaba mucho, Juan tenía que caminar un poco agachado y arrastrando los pies.

Dio la casualidad de que, al llegar a un pueblo, el muchacho pasó por delante de la casa del alcalde. Su hija siempre estaba triste y el padre había ofrecido una recompensa a quien hiciese reír a la joven. La muchacha miraba por la ventana en el momento en que Juan pasó por allí. Y lo vio con el saco y empezó a reír y a reír, sin poder parar.

El alcalde se puso a llorar de alegría. Mientras, la chica seguía desternillándose de risa. Juan no entendía nada y, entre risas y llantos, nadie parecía poder explicárselo.

Por fin, el alcalde se serenó un poco, entregó al muchacho una bolsa de monedas y le dijo:

—Siempre te estaré agradecido.

Juan se fue de allí con una sonrisa de oreja a oreja. Y esta vez sí consiguió llegar a casa con todo lo que había ganado: un burro en un saco y una gran fortuna en una bolsa.

Cuento popular

(449 *palabras*)

acertar *tr.* 做对；猜中

molinero *m.* 磨坊主

agachado *adj.* 弯着腰的

desternillarse de risa 捧腹大笑

llanto *m.* 哭泣

agradecido *adj.* 感谢的，感激的

de oreja a oreja 嘴咧到耳根

fortuna *f.* 钱财

UNIDAD 8

FÁBULAS DE ANIMALES (II)

8-0

Adivinanzas

En medio del mar estoy y sin mí no hay bonanza (风平浪静);
Soy primera en el amor y final de la esperanza.
(Una letra de español)

En medio del cielo estoy sin ser el sol ni la luna,
Y hago brillar las estrellas no solo en la noche oscura.
(Una letra de español)

(Busca la clave en la misma unidad)

必读篇

8-1

TEXTO 1

LA CASA DEL LEÓN

Antes de leer:

1. ¿Has invitado a amigos a tu casa?
2. ¿Cómo es tu casa?

En la selva reinaba un fiero león. El león se sentía muy solo y quiso celebrar un banquete con todos los animales.

—Que vengan mis súbditos. Comeremos juntos —ordenó.

Por fin llegó el gran día. Los animales sentían una enorme curiosidad por conocer la casa del rey. Al entrar en la cueva donde vivía el león, el tigre fue el primero en mostrar su desilusión:

—¡Qué mal huele aquí! —exclamó —. Pensé que la residencia de un rey sería otra cosa.

Entonces, el oso, tapándose el hocico con la zarpa, dijo:

—Tienes razón. ¡Es un olor insoportable!

Al león le molestaron mucho aquellos comentarios.

—¡Fuera de aquí! —gritó dirigiéndose al oso y al tigre—. No consiento que habléis así de mi casa.

Los dos animales se marcharon mientras el resto de los invitados guardaba silencio. Luego se sentaron a la mesa, pero nadie se atrevía a hablar. Por fin, queriendo agradar, el mono dijo:

fiero *adj.* 凶猛的

súbdito *m.* 臣民

desilusión *f.* 失望

zarpa *f.* （熊）掌，爪子

insoportable *adj.* 不能忍受的

consentir *tr.* 允许，许可

agradar *intr.* 使高兴

—Majestad, vuestro palacio es magnífico. Y huele… huele… ¡como a flores recién cortadas!

Pero el león no se creyó las palabras del mono. Así que se enfadó con él y también lo expulsó del banquete.

expulsar *tr.* 驱逐，逐出

Poco después, el león, inquieto, se levantó y comenzó a pasearse mirando a sus súbditos. Al llegar junto al zorro, se detuvo y le preguntó:

inquieto *adj.* 不安的，忧虑的

—Y tú, ¿cómo crees que huele mi casa?

Al zorro se le heló la sangre: no sabía qué decir para que el león no se enfadara. Los demás animales esperaban preocupados su respuesta. Por fin, el zorro dijo:

—Yo, señor, la verdad es que… hace días que estoy resfriado y… ¡no puedo oler nada!

Al oír aquello, el león se echó a reír. Y comprendió, gracias al zorro, que todos los animales le temían. ¡Por eso estaba siempre tan solo! ¡Nadie se atrevía a acercarse a él! Así que le dijo a la lechuza:

—Busca al tigre, al oso y al mono, y pídeles que me perdonen. Diles que los esperamos para comer.

Al final, el banquete resultó estupendo. Y desde aquel día, el león dejó de ser tan gruñón y no volvió a sentirse solo.

gruñón *adj.* 爱抱怨的

(355 *palabras*)

Ejercicios

I. Di si son verdaderas o falsas las siguientes oraciones según el texto. En caso de ser falsas, corrígelas oralmente:

1. ( ) El león que reinaba en la selva era muy amable y decidió invitar a casa a otros animales.

2. (   ) Los animales tenían mucha curiosidad por conocer la casa del león.
3. (   ) Reinaba un olor insoportable en la casa del león, pero nadie quería mostrar su desilusión.
4. (   ) El tigre y el oso fueron expulsados por el león por haber dicho la verdad.
5. (   ) El mono no dijo la verdad, y por eso fue elogiado por el león.
6. (   ) Fue el zorro quien dijo la verdad y así le hizo conocer su defecto al león.
7. (   ) Al final del banquete todos los animales se quedaron muy asustados y molestos.

II. Cuestionario:

1. ¿Cómo te imaginas la casa de un león?
2. ¿Por qué los animales preferían no decir la verdad en el banquete?
3. ¿Cómo logró el león encontrar la causa de su soledad?

8-2

TEXTO 2

EL MEJOR NOVIO DEL MUNDO

Antes de leer:

1. ¿Hay un mejor novio en el mundo?
2. ¿Cuáles serán la cualidades que debe de tener el mejor novio?

Había una vez, allá en los tiempos de Maricastaña, una pareja de ratones que vivían en una madriguera abierta, cerca de una gran muralla.

madriguera *f.* 洞，穴

Tenían una hija, una ratita preciosa…y la querían casar con el mejor novio del mundo.

Fueron a pedir consejo al ratón más sabio, que era el ratón más viejo. Éste les dijo:

—El mejor y más fuerte es el sol.

Así que anduvieron ligeritos, para llegar pronto a casa del Sol.

ligero *adj.adv.* 迅速的/地

—¡Sol, Sol!, tú eres el más fuerte y deseamos que te cases con nuestra hija.

—Señores ratones, yo no soy el más fuerte. Más fuerte es la nube que me tapa—. Y en ese momento, el sol desapareció.

Los ratones buscaron la nube.

—¿Estará por aquí? ¿Estará por allá?

—¡Nube, Nube!, tú eres la más fuerte, queremos que te cases con nuestra hija.

—Es cierto que de vez en cuando tapo al sol, pero la culpa la tiene el viento, que me trae y me lleva. El viento es el más fuerte.

—¡Viento, Viento!, párate un momento, tú eres el más fuerte y te venimos a ofrecer la mano de nuestra hija.

—¿Yoooo? —dijo el Viento, mientras se paraba a descansar—. ¡No, no! Yo no soy el más poderoso. Hay algo más fuerte que yo. Es esa Muralla. Siempre me estrello contra sus muros y no la puedo mover. Id a visitar a la Muralla. Ella es, sin duda, la más fuerte.

estrellarse *prnl.* 碰撞

La Muralla escuchó a los ratones cuando estos le ofrecieron la mano de su hija.

—Me encantaría vuestra hija como esposa. Pero resulta que hay un ser más poderoso que yo. Lo que no puede hacer el viento con toda su fuerza, lo puede hacer un ser diminuto con sus pequeños dientes, roe, roe sin cesar y royendo, royendo, mis cimientos van destruyendo.

cimiento *m.* 地基

—¿Y quién es ese ser tan poderoso? —preguntaron curiosos los padres de la preciosa ratita.

—¡Vosotros! Los ratones que vivís debajo de mis pies,

y que cada día hacéis más grandes vuestras madrigueras. ¡Cualquiera de vosotros es más poderoso que yo!

Al oír esto, el corazón de la preciosa ratita empezó a latir con fuerza. Ahora ella podía casarse con el ratoncito que ella eligiera: un ratón muy fuerte y con grandes bigotes.

(381 *palabras*)

latir *intr.* （心脏）跳动

Ejercicios

I. Di si son verdaderas o falsas las siguientes oraciones según el texto. En caso de ser falsas, corrígelas oralmente:

1. ( ) Los padres de la ratita querían casarla con el mejor novio del mundo.
2. ( ) El ratón más viejo dijo que el más fuerte era un ratoncito con grandes bigotes.
3. ( ) El Sol creía que el más fuerte era la Nube porque siempre lo tapaba.
4. ( ) La Nube era más fuerte que el Viento, porque lo llevaba por todas partes.
5. ( ) La Muralla no quería casarse con la ratita porque no le gustaba.
6. ( ) Los cimientos de la Muralla iban destruyéndose por haber sido roídos por los ratones.

II. Cuestionario:

1. ¿Quién era el más fuerte del mundo en este relato?, ¿y por qué?
2. ¿Será el mejor novio el ratoncito con grandes bigotes según tu opinión?
3. ¿Qué era lo que quería enseñarnos el autor con este cuento?

8-3

TEXTO 3

LA ZORRA Y EL CUERVO

Antes de leer:

1. Para ti, ¿siempre es astuta la zorra?
2. ¿Qué impresiones tienes sobre el cuervo?

Érase una vez un cuervo negro como el carbón que habitaba en el bosque. Era muy presumido.

Vivía en la rama de un árbol desde donde podía ver mucho terreno: podía ver una casita blanca; si tenía las ventanas abiertas, podía ver a la señora de la casa preparando la comida. Aquel día, había preparado un apetitoso queso.

—¡Un queso! —dijo el cuervo mientras sentía que el pico se le hacía agua.

La señora, para que el queso se mantuviera más fresco, lo colocó en un plato cerca de la ventana.

—¡Qué queso tan sabroso! —volvió a suspirar el cuervo imaginando que se lo estaba comiendo.

Cuando la señora se fue de la cocina, voló rápidamente hasta la ventana, cogió el queso y se lo llevó para saborearlo sobre las ramas de su árbol.

No muy lejos de la casa, una zorra, conocida por su astucia, estaba observando todo lo que había hecho el cuervo y pensó:

—¿Cómo podría apoderarme del queso?

Enseguida tuvo una idea, se acercó al árbol del cuervo y saludó:

carbón *m.* 煤；碳

presumido *adj.* 自负的

apetitoso *adj.* 美味的

saborear *tr.* 品尝

astucia *f.* 狡猾

—Buenos días, señor cuervo.

El cuervo la miró de reojo y no respondió. La zorra, amable y sonriente, insistió:

mirar de reojo	斜着眼看

—Tenga usted buenos días —repitió la zorra—. ¡Qué elegante está usted! ¡Qué plumaje más bello!

El cuervo, que era muy presumido, siguió callado, pero muy contento al escuchar las palabras de la zorra.

—Sí, sí —continuó la zorra—. No existe ave más bella que usted.

El cuervo, lleno de satisfacción, estaba convencido de que todo lo que decía la zorra era verdad.

La zorra continuó elogiándolo:

—Querido señor cuervo, ¡qué plumas tan brillantes y hermosas tiene usted! ¡Nunca he visto nada tan maravilloso! Me gustaría saber si su canto es igual de bonito, porque entonces no habría duda de que usted es el rey del bosque.

El cuervo, muy contento de oír esas palabras, y con muchas ganas de ser el rey del bosque, quiso demostrar a la zorra la hermosura de su canto.

Abrió el pico y cantó así:

—¡Crrrac! ¡Crrrac!

La zorra se tapó las orejas, pero abrió bien la boca para atrapar el queso que el cuervo dejó caer al abrir el pico. Lo atrapó, lo masticó despacio, lo saboreó, se lo tragó, y le dijo al cuervo:

masticar *tr.*	咀嚼

—Muchísimas gracias, señor cuervo. ¡Qué sabroso desayuno!

La astuta zorra se fue relamiéndose los bigotes y el cuervo, se quedó muy pensativo.

relamerse *prnl.* 舔（嘴唇）

Adaptación de una fábula de Jean de la Fontaine

(403 *palabras*)

Ejercicios

I. Pon en orden las siguientes oraciones según el texto:

1. ( ) La zorra se tragó el queso que se le había caído del pico al cuervo.
2. ( ) Una señora dejó el queso que había preparado cerca de la ventana.
3. ( ) Una zorra se acercó y saludó al cuervo.
4. ( ) La zorra pidió al cuervo que cantara para mostrar su voz bonita.
5. ( ) Un cuervo vivía en la rama de un árbol donde podía ver todo el terreno.
6. ( ) El cuervo voló hasta la ventana y cogió el queso.
7. ( ) La zorra empezó a elogiar la hermosura del plumaje del cuervo.

II. Cuestionario:

1. ¿Cómo logró conseguir el queso el cuervo?
2. ¿Cómo se apoderó del queso la zorra?
3. ¿Por qué el cuervo perdió el queso?

EL HUEVO MÁS BONITO DEL MUNDO

Había una vez tres gallinas que se llamaban Petipuá, Polipasta y Pulchinela. Siempre estaban disputando entre ellas sobre cuál de las tres era la más bella.

Petipuá poseía el más hermoso plumaje. Polipasta tenía las piernas más bonitas. Y Pulchinela lucía la más preciosa de las crestas.

Como no lograban ponerse de acuerdo, resolvieron ir a pedir consejo al rey.

—La belleza depende de valores internos —dijo el rey—. La que ponga el huevo más bonito, será la triunfadora, y será también mi princesa.

El rey salió al jardín y todas las gallinas de su reino le siguieron.

Petipuá empezó a cacarear primera. Se acurrucó cuidadosamente con su hermoso plumaje sobre la hierba húmeda. Al cabo de poco tiempo, volvió a levantarse y se colocó a un lado. Todos quedaron sin habla. No habían visto nada semejante en su vida.

Ante ellos, se veía un huevo de gallina, blanco como la nieve, inmaculado, sin irregularidad alguna, con una cáscara como el mármol pulimentado.

—Más perfecto no es posible—, exclamó el rey.

disputar *intr.* 争吵

belleza *f.* 美丽

interno *adj.* 内在的，内部的

triunfador *m.* 胜利者

cacarear *intr.* （鸡）咯咯叫

semejante *adj.* 相似的，类似的

en la (mi, su) vida 从未

inmaculado *adj.* 无瑕疵的

irregularidad *f.* 不整齐；不规则

pulimentado *adj.* 磨光的

Y todas las gallinas, todas, asintieron. Cuando Polipasta empezó a cacarear, se compadecieron de ella.

Un huevo más perfecto que el de Petipuá no se podía poner, era imposible.

Pero después de diez minutos, Polipasta se levantó aligerada y su cresta resplandecía al sol de la mañana.

El rey batió palmas estrepitosamente de tanta alegría: ante él se alzaba un huevo de gallina tan grande y pesado que incluso hubiera causado la envidia de un avestruz.

—¡Más grande no es posible!—, exclamó el rey. Y todas las gallinas, todas, asintieron.

Mientras estaban aún asintiendo, se acurrucó Pulchinela.

La compadecieron mucho, puesto que no se podía poner ya ni un huevo tan perfecto ni un huevo tan grande. Era impensable. Pulchinela apenas cacareó. Se sentó allí delante, toda modesta, con la mirada baja. Era su estilo.

Después de un rato, se levantó. Ante el público había un huevo de gallina del que se hablará todavía dentro de cien años: un huevo cúbico. Los bordes eran rectos, como si se hubieran trazado con regla, y en cada cara resplandecía un color diferente.

—¡Más fantástico no es posible!—, exclamó el rey. Y todas las gallinas, todas, asintieron.

Era imposible decir qué huevo era el más bonito. Tampoco el rey lo sabía. Así es que decidió que las tres, Petipuá, Polipasta y Pulchinela fueran sus princesas.

(403 *palabras*)

asentir *tr.* 赞成，同意

aligerado *adj.* 轻快的

resplandecer *intr.* 发光，闪光

batir *tr.* 拍，敲

palma *f.* 手，手掌

estrepitosamente *adv.* 大声地，响亮地

envidia *f.* 羡慕；嫉妒

avestruz *m.* 鸵鸟

impensable *adj.* 难以置信的

modesto *adj.* 谦虚的

cúbico *adj.* 立方体的

borde *m.* 边缘

trazar *tr.* 描画

8-5 TEXTO 5

RAMIRO

Hace muchos, muchos años, vivía en España un ratón llamado Ramiro.

En ese tiempo todavía no se conocían ni el chocolate ni los cacahuetes. Lo que en cambio ya se conocía en aquellos lejanos tiempos era lo peor de todo para un ratón: los gatos.

Ramiro era muy impresionable y cada vez que veía un gato, su corazón se ponía a latir como un relojito enloquecido.

Un día, cansado de vivir a saltos, fue a consultar a un médico.

—Nosotros, los ratones, somos seres muy sensibles —le dijo el médico—. Pero tú, Ramiro, tienes los nervios hechos polvo. Este asunto de los gatos debes tomarlo con más calma y optimismo. Tal vez, esto te ayude.

Y escribió una receta.

Ramiro la siguió al pie de la letra. Hizo gimnasia y repitió diez veces por día "calma y optimismo, calma y optimismo, quilmo y optimalma…" Pero siguió igual.

Por fin, un día tomó la gran decisión: se iría a vivir a un país donde no existiesen gatos. Lo primero que hizo fue mirar un gran mapa. Ramiro lo estudió y llegó a la conclusión de que no existía país ni continente sin gatos.

Una mañana, Ramiro se topó con un gato andaluz. Ramiro intentó escapar, pero el gato lo persiguió. Corrió en línea recta, en remolino… y el gato siempre detrás.

Corriendo como un salvaje llegó al puerto, trepó por las

cacahuete *m.* 花生

impresionable *adj.* 敏感的

enloquecido *adj.* 发狂的

sensible *adj.* 敏感的

nervio *m.* 神经

(estar) hecho polvo 筋疲力尽

calma *f.* 冷静，沉着

optimismo *m.* 乐观主义

continente *m.* 大陆

toparse *prnl.* 遇到

andaluz *adj.* 安达卢西亚的

remolino *m.* 旋转

amarras de una carabela que estaba a punto de zarpar y se libró de su enemigo.

Así fue como, por casualidad, emprendió un largo, larguíiiisimo viaje.

Fue un viaje tan largo entre el mar y el cielo que las provisiones se agotaron. Y Ramiro tuvo que comer astillitas del suelo. Hasta que por fin, un buen día, un marinero llamado Rodrigo gritó:

—¡Tierra!

Horas después todos desembarcaron. Y el almirante, que se llamaba Cristóbal Colón y que era Cristóbal Colón, pisó la nueva tierra que acababan de descubrir.

Había llegado a un continente que, con el tiempo, se llamaría América. Allí crecían muchas cosas buenas, desconocidas en Europa, como por ejemplo el cacao, con el que se hace el chocolate, y los cacahuetes.

Los últimos en bajar a tierra fueron Ramiro y los otros ratones polizones.

Recorrieron los alrededores… ¡y no encontraron un solo gato! Y es que, afortunadamente para ellos, en América aún no existían gatos domésticos.

Cuando Ramiro encontró a los ratones americanos, los abrazó con lágrimas en los ojos. Desde entonces vivió feliz. Raras veces volvió a ponerse nervioso, solo de tanto en tanto, cuando soñaba con un lejano gato europeo.

Beatriz Ferro①

(426 *palabras*)

(Clave de adivinanzas: la letra "a"; la letra "e")

amarra *f.*	锚链，缆绳
carabela *f.*	三桅帆船
zarpar *intr.*	起锚，启航
agotar *tr.*	耗尽，用光
astilla *f.*	碎屑
almirante *m.*	舰队司令
pisar *tr.*	踩，踏
cacao *m.*	可可豆
polizón *m.*	偷乘者

① Beatriz Ferro, escritora argentina, autora de cientos de libros de cuentos, teatro y poesía.

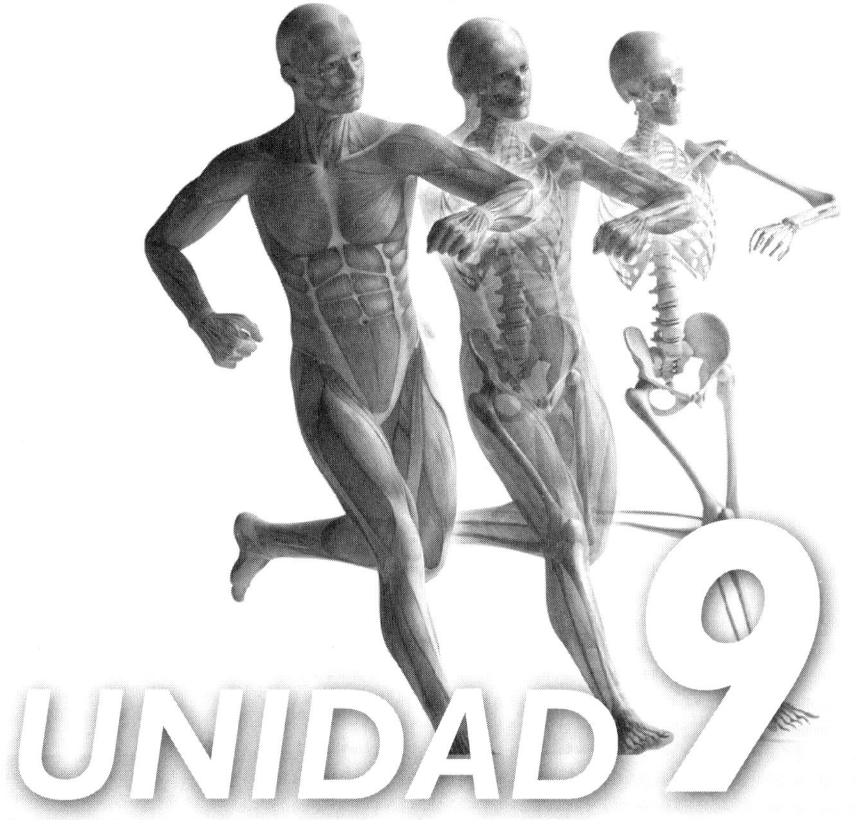

UNIDAD 9

EL CUERPO HUMANO Y LA SALUD (I)

9-0

Dichos y refranes

El que calla otorga.

——沉默就是应允。

El que mal anda mal acaba.

——恶有恶报；咎由自取；以害人开始，以害己告终。

El que mucho abarca poco aprieta.

——贪多嚼不烂。

El que no aprende es porque no quiere.

——有志者事竟成。

El que no oye consejos no llega a viejo.

——听人劝吃饱饭。

必读篇

9-1 TEXTO 1

DOS AMIBAS AMIGAS

Antes de leer:

1. ¿Qué son amibas?
2. ¿Dónde viven las amibas?

Dos amibas vivían muy contentas en el estómago de Fausto, relativamente cerca del píloro. Pasaban la vida cómodamente, comían muy bien y nunca trabajaban: eran lo que se llaman unas parásitas. Se querían mucho, eran buenas amigas, pero de vez en cuando entraban en fuertes discusiones porque tenían temperamentos muy distintos y cada una aprovechaba su ocio de manera diferente: una era muy pensativa y siempre se preguntaba qué sucedería al día siguiente; la otra, en cambio, era muy glotona, se pasaba el día comiendo y prefería vivir a gusto cada instante de su vida sin pensar en el mañana.

Una vez, a la hora de la comida, la amiba pensativa le dijo a su compañera lo que había estado pensando esa mañana.

—A lo mejor —le dijo— el mundo que nos rodea, los ríos, las montañas, los valles, los grandísimos canales, el cielo, no son tan grandes como lo que vemos; a lo mejor este mundo es muy pequeñito y todos los que vivimos aquí no somos más que unos bichitos diminutos que estamos dentro de otro bicho más grande, y ese otro bicho está en otro más grande y...

amiba *f.* 阿米巴虫

píloro *m.* 幽门

parásito *adj.s.* 寄生的；寄生虫

temperamento *m.* 性格

instante *m.* 瞬间，片刻

canal *m.* 运河

La amiba glotona, que estaba comiéndose una lenteja gigantesca, le dijo que eso no era posible y que consideraba una manera de perder el tiempo pensar en esas tonterías.

lenteja *f.* 滨豆

Cuando Fausto terminó el plato de lentejas que estaba comiendo, se tomó una medicina y las dos amibas desaparecieron.

Fausto y Enrique, su amigo invitado, se quedaron conversando de sobremesa. Fausto decía que a lo mejor el hombre no era más que un bichito diminuto que vivía dentro de otro bicho más grande... Pero Enrique, que no había acabado de comerse su inmenso plato de lentejas, lo interrumpió:

de sobremesa 饭后（聊天）

—Eso no es posible —le dijo—, y creo que es una manera de perder el tiempo pensar en esas tonterías...

(312 *palabras*)

Ejercicios

I. Di si son verdaderas o falsas las siguientes oraciones según el texto. En caso de ser falsas, corrígelas oralmente:

1. (　　) Las amibas son un tipo de parásitos.
2. (　　) Las dos amibas vivían en el estómago de Enrique.
3. (　　) Aunque las dos amibas a veces discutían, eran buenas amigas.
4. (　　) Mientras la amiba glotona comía una lenteja gigantesca, Fausto no comía nada.
5. (　　) Después de comer, Enrique tomó una medicina.
6. (　　) Fausto pensaba lo mismo que la amiba pensativa.

II. Cuestionario:

1. ¿Qué temperamento tenía cada una de las dos amibas?
2. ¿Por qué las dos amibas desaparecieron y adónde se podrían haber ido?
3. ¿Crees que el hombre es un bichito que vive dentro de otro bicho más grande?

TEXTO 2

NUESTROS MOVIMIENTOS

Antes de leer:

1. ¿Conoces el cuerpo humano?
2. ¿Cómo se realizan los movimientos del cuerpo humano?

Para realizar nuestras actividades, podemos mover todas las partes del cuerpo a la vez o solo algunos de sus segmentos. Los movimientos en los que interviene todo el cuerpo se llaman globales. Aquellos en los que movemos sobre todo los brazos o las piernas se denominan segmentarios.

Cosas que nos parecen tan sencillas como andar, correr o saltar, en realidad, exigen de nuestro cuerpo un trabajo muy preciso para que salgan bien, porque nuestro cerebro tiene que ordenar la actividad de una gran cantidad de músculos que se encargan de mover, a su vez, diferentes partes del cuerpo. Es decir, tiene que coordinar sus movimientos para que el resultado sea perfecto y no acabemos cayéndonos al suelo o haciendo algo que no queríamos hacer.

Cuando una actividad requiere que movamos todo el cuerpo, hablamos de coordinación global. Si exige, sobre todo, el movimiento de los brazos o las piernas, decimos que estamos llevando a cabo una coordinación segmentaria.

Nuestros huesos sostienen todo el cuerpo, y los huesos son duros y rígidos, como podemos comprobar si nos tocamos, por ejemplo, los brazos, la cabeza o el pecho. Todos juntos forman lo que llamamos esqueleto, que es el encargado de mantener erguido nuestro cuerpo y de proteger sus partes blandas.

segmento *m.* 部分

intervenir *intr.* 参与，干预

global *adj.* 整体的，全面的

segmentario *adj.* 部分的，局部的

músculo *m.* 肌肉

coordinar *tr.* 使协调，使配合

encargado *adj.* 负责的

erguido *adj.* 直立的

blando *adj.* 柔软的

Y lo mismo que el resto del cuerpo, nuestros huesos crecen. Para que crezcan bien, debemos cuidarlos y evitar que se rompan o se dañen. Además, es necesario que nuestra comida sea rica en alimentos que contengan calcio, como la leche y el queso, para favorecer el crecimiento de los huesos.

Los huesos están unidos a los músculos, que se alargan o encogen para desplazar los huesos y, así, podernos mover. Nuestros músculos son blandos y elásticos. Pero podemos tensarlos y hacer que se endurezcan y se vuelvan firmes para realizar un esfuerzo. Esa dureza se llama tono muscular y es posible comprobarla a través de la piel por el tacto.

Nuestros músculos también crecen y, durante su crecimiento, debemos protegerlos evitando que hagan esfuerzos para los que todavía no están preparados. Nuestra alimentación debe ser rica en alimentos como la carne, las verduras, el pescado y los huevos, porque mejoran el desarrollo de los músculos.

(366 *palabras*)

dañarse *prnl.* 受损害，受伤

calcio *m.* 钙

desplazar *tr.* 移动

tensar *tr.* 拉紧，绷紧

endurecerse *prnl.* 变硬

firme *adj.* 坚固的，牢固的

tono *m.* 紧张；弹性

alimentación *f.* 饮食

Ejercicios

I. Di si son verdaderas o falsas las siguientes oraciones según el texto. En caso de ser falsas, corrígelas oralmente:

1. (　　) Para hacer movimientos globales, se necesita que intervenga todo el cuerpo.
2. (　　) Cuando se mueven los brazos y las piernas se necesita una coordinación segmentaria del cuerpo.
3. (　　) Andar, correr o saltar son movimientos fáciles de realizar.
4. (　　) Los huesos, que sostienen todo el cuerpo, son duros y rígidos.
5. (　　) Para que los huesos crezcan mejor, hay que tomar alimentos ricos en calcio.
6. (　　) Los músculos, que son blandos y elásticos, son fáciles de romperse.
7. (　　) Los músculos no crecen ni se dañan.

II. Cuestionario:

1. ¿Qué funciones tienen los huesos?
2. ¿Cómo funcionan los músculos al realizar actividades?
3. ¿Qué alimentos son favorables para proteger el cuerpo humano?

LA RIQUEZA DE LOS SENTIDOS

Antes de leer:

1. ¿Cuáles son los cinco sentidos del ser humano?
2. ¿Has oído hablar del sexto sentido?

Érase que se era, un hombre muy pobre que no tenía donde vivir ni qué comer. Una vez, andando por un camino, apareció un anciano, a caballo, que lucía lujosas ropas. Lo vio tan triste que le preguntó:

—¿Qué te sucede?

El hombre pobre le contó lo que le pasaba y el anciano mago le hizo una propuesta:

—A cambio de uno de tus cinco sentidos, te daré las riquezas que me pidas.

Y, haciendo un encantamiento, el anciano le mostró dos montañas de oro.

—¡Qué maravilla! Elige el sentido que más te guste— le dijo alegremente el hombre pobre.

—No. Tienes que elegirlo tú —respondió el mago—. Te doy dos horas de plazo, justo hasta la puesta de sol. Entonces volveré y cerraremos el trato.

lujoso *adj.* 豪华的；奢侈的

mago *adj.s.* 魔法的；魔法师

plazo *m.* 期限

puesta *f.* （太阳）落山

必读篇

El hombre pobre empezó a pensar. Le daré el tacto, se dijo. Pero enseguida se dio cuenta de que nunca más podría acariciar a los niños o a su perro y se imaginó como una piedra insensible.

insensible *adj.* 无感觉的

—El gusto, —pensó—, le daré el gusto. Pero para qué quería ser rico y comer sabrosos manjares si no apreciaría nunca cómo saben.

saber *intr.* 有……味道

Le daré el olfato —decidió—. Pero inmediatamente recordó el olor a tantas cosas maravillosas…

¡Pues el oído! Pero entonces recordó el canto de los pájaros y los mil sonidos que nos hablan. —No, no puedo darle el oído, —se dijo.

Solo quedaba la vista y el plazo se acababa. En aquellos instantes, el sol empezó a ponerse…Era precioso.

Cuando el sol desapareció, llegó el anciano mago y le dijo:

—¿Qué has decidido?

—He sido un tonto por no haberme dado cuenta del inmenso tesoro que poseo. Un tesoro dividido en cinco partes, una por cada sentido. He decidido que no necesito tus riquezas, me basta con las mías.

dividido *adj.* 分配的

—Sabia decisión. Permíteme que por ella te regale a mi yegua *Suerte*. Siempre sonríe cuando alguien le gusta y, desde que te vio, no ha parado de sonreír.

yegua *f.* 母马，雌马

Y así fue como, a partir de aquel momento, le empezó a sonreír la Suerte.

(345 *palabras*)

Ejercicios

I. Di si son verdaderas o falsas las siguientes oraciones según el texto. En caso de ser falsas, corrígelas oralmente:

1. (　　) Un hombre pobre se encontró con un anciano mago, quien le pidió hacer un intercambio.
2. (　　) Al principio, el hombre pobre creía poder darle al mago cualquiera de los cinco sentidos que poseía.
3. (　　) El anciano mago pidió al hombre pobre que tomara la decisión inmediatamente.
4. (　　) Después de reflexionar mucho, el hombre decidió no darle ninguno de sus cinco sentidos a cambio de su fortuna.
5. (　　) El anciano mago se enfadó por la decisión del hombre y se fue.
6. (　　) Según el hombre pobre, los cinco sentidos son los mejores tesoros del ser humano.
7. (　　) Como la suerte empezó a acompañar al hombre pobre, este le puso el nombre *Suerte* a su yegua.

II. Cuestionario:

1. ¿Qué funciones tiene cada uno de los cinco sentidos?
2. ¿Por qué el hombre pobre acabó por no aceptar la propuesta del anciano mago?
3. ¿Qué fortunas contienen los cinco sentidos?

选读篇

9-4 TEXTO 4

LA GRIPA

Es marzo de 1919. Los Canadienses de Montreal① se enfrentan a los Metropolitanos de Seattle② por la Copa Stanley③. Cada equipo de hockey ha ganado dos juegos y ha empatado uno. El partido de desempate se había planeado para el 1 de abril, pero ese juego no se realizó nunca. La historia registra que no hubo Copa Stanley ese año. ¿Qué podía haber causado la cancelación de ese juego tan importante? ¿Una guerra? ¿Un terremoto? Aunque no lo creas, fue la gripa.

Los soldados que regresaban de Europa tras el final de la Primera Guerra Mundial en 1918, sin saberlo trajeron consigo un terrible virus de influenza o gripa conocido como Influenza Española. Infectó a más de 500 millones de personas en todo el mundo y mató a muchas de ellas.

La gente hizo todo lo que pudo para evitar el contagio. Se cerraron cines, teatros e iglesias, y se cancelaron los eventos y deportes públicos. En muchas ciudades se implantó una ley que decía que todo el mundo tenía que usar tapabocas; incluso darse la mano era ilegal.

Cuando todo terminó, la gripa había matado a casi 40 millones de personas en todo el mundo, más del doble de las que murieron en la Primera Guerra Mundial.

enfrentarse *prnl.* （比赛）对抗
hockey *m.* 冰球；曲棍球
empatar *tr.* （比赛）成平局
desempate *m.* 打破平局
registrar *tr.* 记载，记录
cancelación *f.* 取消
gripa *f.* 流感
virus *m.* 病毒
influenza *f.* 流行性感冒
infectar *tr.* 使感染
contagio *m.* 传染
evento *m.* 重要活动
implantar *tr.* 实行，执行
tapaboca *m.* 口罩
ilegal *adj.* 违法的

① “蒙特利尔加拿大人”冰球队。
② “西雅图城市佬”冰球队。
③ 斯坦利杯于1893年设立，是加拿大国家冰球联盟最高奖。

La gripa se parece mucho al catarro. Ambos son causados por un tipo de virus que se establece en tus vías respiratorias. Se esparcen del mismo modo, a través del aire o de que la gente toque superficies cubiertas con gérmenes, y luego tocándose los ojos o la nariz. Y ambos empiezan generalmente con dolor de garganta. Muchos otros síntomas también pueden ser iguales: nariz tapada, tos, dolor de cabeza y sentirse cansado. Sin embargo, cuando tienes gripa los síntomas generalmente son peores. El dolor de garganta es más fuerte, la cabeza está más pesada y todo casi siempre dura más. Existen tres "familias" o tipos de virus de la gripa. El tipo A es el más serio y causa epidemias mundiales como la de la Influenza Española. El tipo B es similar, pero no es tan común. El tipo C es menos común y sus síntomas son más leves.

(360 *palabras*)

catarro *m.* 感冒
establecerse *prnl.* 生长；定居
vías respiratorias 呼吸道
esparcirse *prnl.* 传播；扩散
superficie *f.* 表面
germen *m.* 病菌
tos *f.* 咳嗽
epidemia *f.* 流行病
leve *adj.* 轻的，不重的

EL ABRAZO SALVADOR DE VIDAS

Se ha comprobado que todos necesitamos el contacto físico para sentirnos bien, y una de las formas más importantes de contacto físico es el abrazo. Cuando nos tocamos y nos abrazamos, llevamos vida a nuestros sentidos y reafirmamos la confianza en nuestros propios sentimientos.

Algunas veces no encontramos las palabras adecuadas para expresar lo que sentimos, el abrazo es la mejor manera. Hay veces que no nos atrevemos a decir lo que sentimos, ya sea por timidez o porque los sentimientos nos abruman, en esos casos se puede contar con el idioma de los abrazos.

confianza *f.* 信任；信心
expresar *tr.* 表达，表示
timidez *f.* 胆怯
abrumar *tr.* 压倒，压垮
contar (con) *intr.* 指望，信赖

Los abrazos, además de hacernos sentir bien, se emplean para aliviar el dolor, la depresión y la ansiedad. Provocan alteraciones fisiológicas positivas en quien toca y en quien es tocado. Acrecientan la voluntad de vivir en los enfermos. Pues debes saber que cuatro abrazos al día son necesarios para sobrevivir, ocho para mantenerse y doce para crecer como personas.

¿Qué nos brinda un abrazo?

PROTECCIÓN: El sentirnos protegidos es importante para todos, pero lo es más para los niños y los ancianos, quienes dependen del amor de quienes los rodean.

SEGURIDAD: Todos necesitamos sentirnos seguros. Si no lo conseguimos, actuamos de forma ineficiente y nuestras relaciones interpersonales declinan.

CONFIANZA: La confianza nos puede hacer avanzar cuando el miedo se impone a nuestro deseo de participar con entusiasmo en algún desafío de la vida.

FORTALEZA: Cuando transferimos nuestra energía con un abrazo, aumentan nuestras propias fuerzas.

SALUD: El contacto físico y el abrazo imparten una energía vital capaz de sanar o aliviar dolencias menores.

AUTOVALORACIÓN: Mediante el abrazo podemos transmitir un mensaje de reconocimiento al valor y la excelencia de cada individuo.

"Un brazo" hace y dice muchísimo. Abraza a tu amigo, abraza a tu ser querido, abraza a tus niños, abraza a tus viejos, abraza a tu mascota...

¡Abrázalo todo y disfrútalo!

(312 *palabras*)

emplear *tr.* 使用，利用
aliviar *tr.* 减轻，缓解
alteración *f.* 改变
positivo *adj.* 积极的；正面的
acrecentar *tr.* 增加，提升
sobrevivir *intr.* 幸存，存活

actuar *intr.* 行动
ineficiente *adj.* 低效的
interpersonal *adj.* 人际的
declinar *intr.* 衰退，减弱
participar *intr.* 参与，参加
desafío *m.* 挑战

transferir *tr.* 传递
energía *f.* 力量；能量
aumentar *intr.* 增加，提高
impartir *tr.* 给予；分给
dolencia *f.* 疾病，病痛

autovaloración *f.* 自我认同
mediante *adv.* 通过，借助
reconocimiento *m.* 承认
excelencia *f.* 优秀；杰出

En el país de Nomeacuerdo

10-0

En el país de Nomeacuerdo
doy tres pasitos y me pierdo.
Un pasito para allí,
no recuerdo si lo di.
Un pasito para allá,
ay qué miedo que me da.
Un pasito para atrás
y no doy ninguno más
porque yo, ya me olvidé
dónde puse el otro pie.

María Elena Walsh①

UNIDAD 10

POESÍA (I)

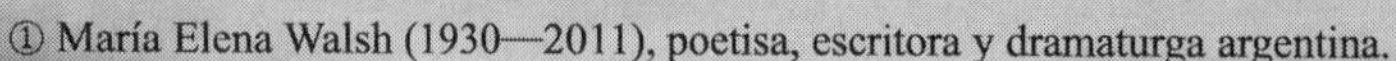

① María Elena Walsh (1930—2011), poetisa, escritora y dramaturga argentina.

必读篇

10-1 TEXTO 1

LA PÁJARA PINTA

Antes de leer:

1. ¿Qué colores tienen los pájaros?
2. ¿Existe también el amor entre los pájaros?

Estaba la pájara pinta
sentadita en el verde limón;
con el pico recoge la hoja,
con las alas recoge la flor.
¡Ay sí, ay no!
¡Cuándo vendrá mi amor!

Dame una mano,
dame la otra,
dame un besito
que sea de tu boca.

Daré la media vuelta,
daré la vuelta entera;
daré un pasito atrás
haciendo reverencia.

Pero no, pero no, pero no,
porque me da vergüenza;
pero sí, pero sí, pero sí,

pinto *adj.* 花的，杂色的

reverencia *f.* 鞠躬，行礼

porque te quiero a ti.

Estaba la pájara pinta
a la sombra del verde limón
con el pico recoge las flores,
con las alas recoge el amor.
¡Ay sí, ay no!
¡Cuánto te quiero yo!

Ángeles Mastretta①

(111 *palabras*)

Ejercicios

I. Trata de buscar las sílabas en rima (押韵) entre los versos, como por el ejemplo: pinta/hoja; flor/amor. Y luego haz un esquema para analizar la regla de ello. Si es posible, ¿por qué no tratas de memorizar el poema tan bonito?

II. Cuestionario:

1. ¿Podrías describir el paisaje del poema con tus propias palabras?
2. ¿Qué sentimientos tienes al leer el poema?
3. ¿Qué cosas puedes imaginarte para expresar el amor?

10-2

TEXTO 2

EL NIÑO MARINERO

Antes de leer:

1. ¿Te gusta el mar? ¿y por qué?
2. ¿Quieres ser marinero?

Cuando sea marinero,

① Ángeles Mastretta (1949—), novelista y poetiza mexicana.

必读篇

madre, por el mundo iré,
con mi blusa marinera
y mi barco de papel.

Pequeñas velas de seda,
pequeñas velas pondré
sobre el casco tan pequeño
de mi barco de papel.

Sobre las aguas del mar
¡cuánto que navegaré!
A "La tierra donde nacen
las estrellas" llegaré.

Cien estrellas y un lucero
en mi barco cargaré.
¡Cien estrellas y un lucero
en mi barco de papel!

Sobre las aguas del mar
al puerto regresaré.
¿Qué tendrá la carga, carga
de mi barco de papel?

Me gritarán: ¡Marinero!
que surcaste el mar aquel,
¿de dónde traes esa carga
en tu barco de papel?

De "La tierra donde nacen
las estrellas", de allí fue.
Pero tiene que ir un niño

seda *f.* 丝；蚕丝

casco *m.* 船体

lucero *m.* （较亮的）星星

surcar *tr.* 掠过，飞跃

en un barco de papel.

Ricardo Pose[①]

(129 *palabras*)

Ejercicios

I. Di si son correctas o erróneas las siguientes oraciones según el texto. En caso de ser erróneas, corrígelas oralmente:

1. ( ) El niño quería ser marinero.
2. ( ) Deseaba viajar por el mar en un barco grande.
3. ( ) El barco era de papel, también con casco de papel y velas de papel.
4. ( ) El niño se imaginaba que su barco navegaba cargado de estrellas.
5. ( ) El barco provenía de "La tierra donde nacen las estrellas".
6. ( ) El barco surcaba el mar de donde traía la carga de las estrellas.

II. Cuestionario:

1. ¿Por qué el niño quería ser marinero?
2. ¿Qué simboliza el barco en el poema?
3. ¿Podrías imaginarte un viaje por el mar?

10-3

TEXTO 3

COLORÍN

Antes de leer:

1. ¿Qué color tiene el colorín?
2. ¿Cómo es el pájaro?

Colorado colorín,

¡cómo alegras mi jardín

colorín *m.* 朱顶雀

① Ricardo Pose (1898—1996), poeta argentino.

sin un ave melodiosa,
ni una hoja, ni una rosa!

Colorado colorín,
canta, encántame sin fin.
Bate, bate magistral
la bolita de cristal
o el levísimo clarín
que, sin duda, en el estuche
de tu buche
has metido, colorín.

¡Cómo alegras mi jardín!,
donde ayer fui un verderol,
y una rosa, y un jazmín,
y en el que hoy tan solo hallo
hojas secas y verdín...

Canta, encántame en el tallo
dc cstc dcsmayado sol,
colorado colorín.

Colorado colorín,
has llegado a mi jardín
cuando todo está sombrío...
Cuando cae de un cielo cinc
una lluvia, como un río,
con quejoso retintín.

Las fontanas se han cuajado;
tus hermanos se han marchado,

ave *f.* 鸟，禽

melodioso *adj.* 悦耳的，动听的

sin fin 无尽地

magistral *adj.* 精湛的

bolita *f.* 小球

clarín *m.* 号，号角

estuche *m.* 匣；套子

buche *m.* （鸟的）嗉囊；（动物的）胃

verderol *m.* 鸟蛤

jazmín *m.* 茉莉花

hallar *tr.* 找到，发现

verdín *m.* 青苔

desmayado *adj.* 暗淡的

sombrío *adj.* 阴暗的；阴郁的

cinc *m.* 锌

quejoso *adj.* 有怨言的，有牢骚的

retintín *m.* 讥讽语气

fontana *f.* 泉

cuajarse *prnl.* 凝结；冻住

y en el prado,
bajo un grande viento frío,
un sonido malhadado
dan las hojas con orín.

—¡Pío!... ¡Pío, pío, pío!
¡Colorado
colorín!

Miguel Hernández[①]

(142 *palabras*)

malhadado *adj.*	不祥的
orín *m.*	铁锈

Ejercicios

I. Di si son correctas o erróneas las siguientes oraciones según el texto. En caso de ser erróneas, corrígelas oralmente:

1. (　　) El colorín es un tipo de ave que canta muy bien.
2. (　　) El colorín llegó a un jardín, que estaba lleno de flores.
3. (　　) La llegada del colorín traía alegría.
4. (　　) El colorín toca su clarín, que siempre lo mete en su buche.
5. (　　) El colorín entró en el jardín cuando todo estaba sombrío.
6. (　　) Al final del poema, el colorín se fue volando hacia el prado.

II. Cuestionario:

2. ¿Qué sentimientos podría tener el poeta al escribir ese poema?
3. ¿A qué se refieren "la bolita de cristal" y "el levísimo clarín"?
4. ¿Te das cuenta de las especialidades de la melodía en este poema?

① Miguel Hernández (1910—1942), poeta y dramaturgo español.

选读篇

10-4 TEXTO 4

ULTRAMARINA

Una nube blanca,
una nube azul,
en la nube un sueño
y en el sueño, tú.

Gaviotas del norte,
luceros del sur,
sobre el mar el cielo
y en el cielo, tú.

Música de errantes
cítaras de luz,
y luz en el alma
y en el alma, tú.

Las ondas me traen
cartas del Perú,
y en las cartas besos
y en los besos, tú.

Tú en la noche blanca,
tú en la noche azul,
y en lo misterioso,

ultramarino *adj.* 海外的

gaviota *f.* 银鸥

errante *adj.s.* 流浪的；流浪者

cítara *f.* 西塔拉（乐器）

onda *f.* 水波；波

misterioso *adj.* 神秘的

dulcemente, tú.

Rafael Heliodoro Valle[1]

(82 *palabras*)

10-5

TEXTO 5

COMO TÚ

Así es mi vida,
piedra,
como tú. Como tú,
piedra pequeña:
como tú,
piedra ligera;
como tú,
canto que ruedas
por las calzadas
y por las veredas,
como tú,
guijarro humilde de las carreteras;
como tú,
que en días de tormenta
te hundes
en el cieno de la tierra
y luego
centelleas
bajo los cascos
y bajo las ruedas;
como tú, que no has servido

calzada *f.* 道路，公路

vereda *f.* 小径，小路

guijarro *m.* 卵石，圆石

humilde *adj.* 平凡的；卑微的

tormenta *f.* 暴风雨

hundirse *prnl.* 陷入，没入

cieno *m.* 泥，泥沼

centellear *impers.* 闪耀

① Rafael Heliodoro Valle (1891—1959), escritor y poeta hondureño.

para ser ni piedra
de una lonja,
ni piedra de una audiencia,
ni piedra de un palacio,
ni piedra de una iglesia...
como tú, piedra aventurera...
como tú,
que tal vez estás hecha
solo para una honda...
piedra pequeña
y ligera...

León Felipe①

(108 *palabras*)

lonja *f.*	市场
audiencia *f.*	大厅
honda *f.*	投石器，弹弓

① León Felipe (1884—1968), poeta español.

UNIDAD 11

CUENTOS POPULARES (III)

11-0

Adivinanzas

El pirul (胡椒树) me tiene a mí, sin ser sus hojas ni ramas; si no me ve, no se alarma (惊讶); porque vivo en su raíz.

(Una letra de español)

En medio del sol estoy, pero no puedo alumbrar (照耀); soy principio y fin del oro, pero no puedo brillar.

(Una letra de español)

(Busca la clave en la misma unidad)

必读篇

11-1 TEXTO 1

LA MAGIA DEL VOLCÁN

Antes de leer:

1. ¿Qué es un volcán?
2. ¿Has visto alguna vez la erupción de un volcán?

Érase una vez una isla con un volcán gigante. Los habitantes de esa isla vivían con miedo pensando que el volcán podía activarse.

Rodrigo, un niño de unos diez años que vivía en la isla, quería ver el volcán en erupción. Pensaba que sería bonito ver cómo salían piedras calientes por la boca de la montaña y contemplar la lava bajando por la ladera lentamente.

Llegaba la semana de los exámenes finales y Rodrigo no tenía ni idea de nada, ni de Matemáticas ni de Naturales ni de Lengua. Así que se concentró más que nunca en pedir que el volcán se activase para que no hubiera exámenes y las vacaciones empezaran antes. Había leído que las cosas tenía que pedirlas nueve veces para que se cumplieran, y eso hizo, pidió nueve veces: "Por favor, que el volcán estalle; por favor, que el volcán estalle…"

Sus peticiones fueron oídas por el volcán o por quien fuese. El caso es que la montaña empezó a rugir y a escupir cenizas.

activarse *prnl.* 喷发；活跃

lava *f.* 熔岩

ladera *f.* 山坡

matemáticas *U.m.en pl.* 数学

petición *f.* 要求

escupir *tr.* 喷出

No fue tan maravilloso como Rodrigo había imaginado: todo el mundo gritaba, los niños lloraban, la gente estaba tristísima por tener que huir y abandonar todo lo que había tenido siempre. Por otro lado, el calor se hacía insoportable, y el aire, irrespirable.

irrespirable *adj.* 难以呼吸的

Cuando estaba a punto de huir, Rodrigo notó que alguien le tiraba del jersey desde abajo, y vio a un hombre pequeñito.

—Soy el gnomo del volcán —le dijo—. ¡Menudo lío has armado! Solo tú puedes solucionar este lío. Di nueve veces al revés "atrás volcán", es decir, "trasa canvol", y todo volverá a ser como antes.

gnomo *m.* 小精灵

—Venga, Rodrigo, vámonos, que esto se está poniendo horrible —le dijeron sus padres.

—Un momentito, por favor —respondió el niño.

Rodrigo cerró los ojos y repitió nueve veces "atrás volcán" al revés como le había dicho el gnomo: "Trasa canvol, trasa canvol…"

Como en un vídeo cuando se rebobina, la lava empezó a subir, las cenizas se metieron en la boca del volcán y la gente volvió a sus casas andando hacia atrás.

vídeo *m.* 录影带

rebobinarse *prnl.* 倒带

Y Rodrigo, mudo de asombro, se sentó y empezó a estudiar para los exámenes como un loco.

mudo de asombro 惊讶得说不出话来

(363 *palabras*)

Ejercicios

I. Pon en orden las siguientes oraciones según el texto:

1. (　) La lava empezó a subir, las cenizas se metieron en la boca del volcán y la gente volvió a sus casas andando hacia atrás.

2. (　　) Llegaba la semana de los exámenes finales.
3. (　　) Rodrigo notó que alguien le tiraba del jersey desde abajo
4. (　　) Todo el mundo gritaba, los niños lloraban, la gente iba a huir y abandonar el hogar.
5. (　　) La montaña empezó a rugir y a escupir cenizas.
6. (　　) Rodrigo pidió nueve veces: “por favor, que el volcán estalle”.
7. (　　) Rodrigo se sentó y empezó a estudiar para los exámenes finales.
8. (　　) Rodrigo repitió nueve veces: “Trasa canvol, trasa canvol…”

II. Cuestionario:

1. ¿Por qué se activó de pronto el volcán?
2. ¿Cómo se volvió tranquila la isla?
3. ¿Conoces algunos volcanes famosos del mundo?

EL MISTERIO DEL SACO

Antes de leer:

1. ¿Qué verduras conoces?
2. ¿Qué cosa podrá haber en un saco misterioso?

Aquel año, en la aldea apenas había llovido y las cosechas se habían perdido. Y, sin embargo, sus habitantes no pasaban hambre. Cada día, al levantarse, encontraban en la plaza un saco descomunal lleno de alimentos. Tenía pepinos del tamaño de melones, tomates como sandías, patatas que parecían calabazas...

Los campesinos estaban muy intrigados por saber quién les ayudaba. Por las noches, se turnaban para descubrirlo, pero nada. Los vigilantes siempre se descuidaban en algún momento, y cuando se daban cuenta, el saco estaba ahí y no habían visto a nadie...

descomunal *adj.*	巨大的
pepino *m.*	黄瓜
melón *m.*	甜瓜，香瓜
sandía *f.*	西瓜
patata *f.*	土豆
calabaza *f.*	瓜；西葫芦
turnarse *prnl.*	轮流

Hasta que una noche decidieron quedarse todos en la plaza. Y allí estaban, con los ojos muy abiertos, cuando ocurrió algo... Una señora, con cara de terror, señaló hacia la iglesia, y todos vieron una figura enorme que sobresalía por encima del edificio.

—¡Es un gigante! ¡Huyamos! —gritó alguien.

—¡No, no! —dijo Dani—. ¡Hablemos con él! ¿No veis que lleva el saco en la mano?

—¡Tienes razón, pequeño! —dijo un abuelo—. En el nombre de todos nosotros, quiero darte las gracias por tu generosidad.

—De nada —dijo el gigante, intentando hablar un poco bajo para no asustar con su voz de trueno—. Vi que necesitabais ayuda, porque puedo ver desde kilómetros, y os la traje.

trueno *m.* 雷鸣；轰鸣

Y, dicho esto, se dio media vuelta y empezó a caminar.

—¡Espera, espera! —gritó Dani—. No sabemos ni tu nombre...

—Me llamo Ireneo —contestó el gigante—. Pero ahora me voy, que es muy tarde y los gigantes necesitamos dormir mucho.

—¡Por favor! —insistió Dani—. Dinos cómo podemos agradecértelo.

—¡Oh, de ningún modo! —dijo el gigante—. Me conformo con que no me temáis. Yo soy feliz en mi montaña, con mi pequeño huerto...

conformarse *prnl.* 满足；高兴

—¿Pequeño? —exclamó el niño, mirando una enorme patata.

—¡Ja, ja, ja! —rio Ireneo—. Bueno, pequeño para mí...

El gigante se despidió otra vez, y todos se quedaron admirados y conmovidos por su bondad. Tanto, que decidieron trabajar toda la noche, para construir un horno colosal. En él hicieron la tarta más grande que os podáis imaginar, para su amigo el gigante. Y, cuando volvió con el saco, le hicieron una fiesta fantástica. Y, después, lo dejaron vivir tranquilo en su montaña, porque así es como era feliz.

(377 *palabras*)

conmovido *adj.*	感动的
bondad *f.*	善良，善心
horno *m.*	炉子
colosal *adj.*	巨大的

Ejercicios

I. Di si son verdaderas o falsas las siguientes oraciones según el texto. En caso de ser falsas, corrígelas oralmente:

1. (　　) Como se habían perdido las cosechas, los habitantes de la aldea pasaban hambre.
2. (　　) Cada día los habitantes recibían un saco colosal lleno de alimentos.
3. (　　) Ellos se turnaban para descubrir quién les había traído el saco.
4. (　　) Al ver al gigante que llevaba el saco, todos los habitantes huyeron por el miedo menos el niño Dani.
5. (　　) Los alimentos traídos por el gigante son productos de su huerto.
6. (　　) Para agradecérselo al gigante, se hizo una tarta grande para él y se celebró una fiesta.
7. (　　) El gigante se quedó en la aldea para vivir junto con sus habitantes de ella.

II. Cuestionario:

1. ¿Qué cosa extraña ocurría en la aldea donde faltaban alimentos?
2. ¿Para qué crees que el gigante trajo alimentos a los habitantes de la aldea?
3. ¿Cómo podía conseguir tanta cosecha el gigante con su pequeño huerto?

11-3

TEXTO 3

LAS LÁGRIMAS DE JUSTINO

Antes de leer:

1. ¿De dónde vienen las lágrimas?
2. ¿Sabes por qué uno llora?

En el fondo de una cueva, en lo alto de una colina que dominaba un verde valle, vivía el monstruo Justino. Justino no era un monstruo como los demás, sino un monstruo triste, muy triste. Nadie lo quería. Tenía miedo de todos y todos también le tenían miedo.

La verdad es que Justino era feo, pero muy feo. Tenía las orejas grandes, pero no era elefante. Tenía un cuerno en la punta de la nariz, pero no era un rinoceronte. Tenía un cuello muy largo, pero no era una jirafa. Tenía pelo por todo el cuerpo, pero no era un oso.

cuerno *m.* 角
punta *f.* 尖，尖端

Justino era un monstruo bueno. Pero eso nadie lo sabía. El día de su cumpleaños se ponía triste porque nadie se acordaba de él. Y como estaba triste, lloraba, lloraba y lloraba.

Lo que Justino no sabía era que sus lágrimas llenaban el río y volvían fértil la tierra. Los habitantes del valle le estaban muy agradecidos, aunque lo temían sin conocerlo.

Un día, Justino decidió dejar de estar triste. No quería llorar más y ese año ni siquiera lloró en su cumpleaños. Los habitantes del valle se preocuparon mucho. El suelo estaba cada vez más seco y el trigo ya no crecía en los campos.

Entonces, el alcalde del pueblo reunió a los habitantes del valle y les dijo:

—Tenemos que hacer llorar a Justino, pero para eso es preciso capturarlo.

—¿Y cómo vamos a hacerlo? —preguntó un granjero—. Justino es un monstruo y a todos nos da miedo.

—Hay que conseguir que salga de su cueva —replicó el alcalde.

—¿Y si le llevamos comida? —dijo una niña—. ¡Seguro que sale!

Dicho y hecho: los habitantes del pueblo dejaron frutas, verduras, pasteles y carne asada en la entrada de la cueva y se marcharon corriendo.

El olor de la comida llegó hasta el fondo de la cueva, donde Justino dormía. Entonces el monstruo, olvidándose del miedo que les tenía a los humanos, se acercó a la entrada y descubrió los manjares. Como era su cumpleaños, pensó que todo aquello eran regalos y se puso a llorar y a llorar y a llorar..., ¡pero de alegría!

Durante varios días, y mientras devoraba cantidades impresionantes de comida, Justino no dejó de llorar. Pasado este tiempo, feliz y con la panza llena, regresó al fondo de su cueva para dormir plácidamente hasta que llegara de nuevo el día de su cumpleaños.

Para satisfacción de los habitantes del valle, el río volvió a llevar mucha agua y los campos recuperaron su hermoso color verde.

(428 *palabras*)

capturar *tr.* 捉，捕

granjero *m.* 农场主

replicar *tr.* 回答

asado *adj.* 烧烤的

entrada *f.* 入口，门口

panza *f.* 肚子，腹部

plácidamente *adv.* 平静地；安详地

Ejercicios

I. Di si son verdaderas o falsas las siguientes oraciones según el texto. En caso de ser falsas, corrígelas oralmente:

1. (　　) Justino era un monstruo feo y terrible.
2. (　　) Justino tenía miedo de todos y todos también lo temían.
3. (　　) El día de su cumpleaños, nadie se acordaba de Justino y él se ponía triste.
4. (　　) Justino lloraba y lloraba y los habitantes perdieron la cosecha.
5. (　　) Los habitantes capturaron a Justino para que derramara lágrimas.
6. (　　) Justino devoró la comida que le habían preparado y dejó de llorar.

II. Cuestionario:

1. ¿Podrías describir la figura física de Justino?
2. ¿De qué servían las lágrimas de Justino?
3. ¿Qué hicieron los habitantes para que su tierra fuera fértil?

选读篇

11-4 TEXTO 4

EL SASTRECILLO VALIENTE

Hace mucho, mucho tiempo, un joven sastrecillo se encontraba en su taller. Debido al terrible calor, las moscas lo rodeaban sin dejarle trabajar, así que intentó espantarlas de un manotazo. Al retirar la mano observó que había aniquilado a siete.

—¡De lo que soy capaz! —exclamó orgulloso.

El sastrecillo se bordó en su cinturón: SIETE DE UN GOLPE.

Así todos podrían verlo. Después, se ciñó el cinturón, cogió un trozo de queso y un pajarillo que siempre estaba posado en la ventana de su casa y salió a demostrar su valentía.

En el camino, se encontró con un gigante que leyó su cinturón: SIETE DE UN GOLPE. Pensó que se trataba de un hombre muy fuerte y le mostró respeto. Aun así, lo puso a prueba. El gigante cogió una piedra y la rompió.

—Inténtalo tú, ya que eres tan fuerte.

El sastrecillo sacó de su bolsillo el trozo de queso y lo exprimió delante de los extrañados ojos del gigante.

La siguiente prueba que le puso el gigante consistía en lanzar una piedra. El sastrecillo sacó el pajarillo y lo lanzó a volar.

Entonces, el gigante le invitó a ir a su caverna, donde

sastrecillo *m.* 小裁缝

espantar *tr.* 驱赶，轰走

manotazo *m.* （击）一巴掌

aniquilar *tr.* 消灭

bordar *tr.* 刺绣

cinturón *m.* 腰带；皮带

ceñirse *prnl.* 系，束，扎

valentía *f.* 勇敢

romper *tr.* 捏碎；击碎

consistir (en) *intr.* 是，在于

caverna *f.* 洞穴

vivía con su hermano. Si era tan valiente, no le daría miedo. El sastrecillo aceptó. Cuando llegó, le ofrecieron una gran cama, pero él se acostó en un rincón. El gigante, furioso porque le había ganado, se levantó a media noche y golpeó con fuerza la cama del sastrecillo. A la mañana siguiente, los gigantes salieron de la casa y se encontraron al sastrecillo en la puerta. Al ver que estaba vivo, recordaron la inscripción: SIETE DE UN GOLPE. Y huyeron aterrorizados.

El sastrecillo decidió probar suerte con el rey y se presentó en su palacio. El rey ya estaba informado de sus proezas. Le prometió a su hija y la mitad de su reino si los libraba de los gigantes que los atemorizaban.

proeza *f.* 英勇行为

Sin ningún miedo, el sastrecillo se dirigió a la casa de los gigantes. Los encontró dormidos bajo un árbol. Primero, tiró una piedra a la cabeza de uno de ellos. El gigante se despertó y se enfadó con su compañero, pero volvieron a dormirse. Entonces, el sastrecillo tiró una piedra a la cabeza del otro, que se despertó malhumorado. Una vez más, tiró una piedra a cada gigante. Estos se despertaron y se enzarzaron en una terrible lucha. Ninguno de los dos salió vivo de ella y el sastrecillo seguía sin un rasguño.

malhumorado *adj.* 情绪不好的

enzarzarse *prnl.* 陷入，卷入

lucha *f.* 搏斗；争吵

rasguño *m.* 抓痕，抓伤

Después de vencer a los gigantes, el rey, agradecido por su acción, le otorgó la mano de su hija.

otorgar *tr.* 应允；给予

Cuento popular

(434 *palabras*)

11-5 TEXTO 5

HISTORIA DE LOS DOS QUE SOÑARON

Cuentan unas crónicas muy antiguas, escritas por hombres sabios y amigos de la verdad, que hubo en El Cairo un hombre muy rico, tan generoso y caritativo que terminó por repartir entre los pobres toda su fortuna, quedándose solamente con la casa de sus padres. Como no guardó nada para sí, tuvo que empezar a trabajar para ganarse la vida.

Una tarde regresó tan cansado del trabajo que se durmió debajo de una higuera de su jardín, y en sueños vio a un desconocido que le dijo:

—Tu fortuna está en Persia[①], en Isfajan[②]; vete a buscarla.

A la mañana siguiente el hombre despertó en la madrugada y emprendió el largo viaje hacia Isfajan. Atravesó desiertos, cruzó ríos caudalosos, peleó con fieras que lo atacaron. Al fin llegó a Isfajan, pero tan cansado estaba que no pudo entrar en la ciudad y se acostó a dormir en el patio de un templo dedicado a Mahoma[③], que allá se llaman mezquitas. Junto a esa mezquita había una casa grande y lujosa, y tocó la casualidad que esa misma noche, mientras el hombre de El Cairo dormía profundamente, una pandilla de ladrones atravesó el patio de la mezquita y se metió en la casa para robarla. Despertaron los dueños y pidieron socorro a gritos; despertaron los vecinos y también gritaron, mientras que los ladrones huían por las azoteas. Cuando el jefe de los vigilantes llegó, hizo registrar la mezquita y en ella dieron con el hombre de El Cairo y lo

crónica *f.* 编年史

caritativo *adj.* 仁慈的

higuera *f.* 无花果树

caudaloso *adj.* 水量大的

templo *m.* 庙宇；神殿

mezquita *f.* 清真寺

pandilla *f.* 帮，伙

azotea *f.* 屋顶平台

① 波斯，伊朗的旧称。
② 伊斯法罕，波斯古城。
③ 穆罕默德，伊斯兰教创始人。

选读篇

llevaron a la cárcel. El juez lo hizo comparecer y le dijo:

—¿Quién eres y cuál es tu patria?

El hombre declaró:

—Soy de la ciudad famosa de El Cairo y mi nombre es Yacub El Magrebí.

El juez le preguntó:

—¿Qué te trajo a Persia?

El hombre dijo la verdad:

—Un hombre me ordenó en un sueño que viniera a Isfajan, porque ahí estaba mi fortuna. Ya estoy en Isfajan y veo que la fortuna que me prometió ha de ser esta cárcel.

El juez se echó a reír.

—Hombre desatinado —le dijo—, tres veces he soñado con una casa en la ciudad de El Cairo, en cuyo fondo hay un jardín y en el jardín, un reloj de sol y después del reloj de sol, una higuera, y bajo la higuera un tesoro, no he dado el menor crédito a esa mentira. Tú, sin embargo, has venido caminando hasta aquí bajo la sola fe de tu sueño. Que no vuelva a verte en Isfajan. Toma estas monedas y vete.

El hombre las tomó y regresó a su patria. Debajo de la higuera de su casa (que era la del sueño del juez) desenterró el tesoro. Así, Dios lo bendijo y lo premió.

Gustav Weil[①]

(463 *palabras*)

comparecer *intr.* 出庭

patria *f.* 家乡；祖国

desatinado *adj.* 不理智的，不慎重的

dar crédito a 相信，信任

fe *f.* 相信；信仰

bendecir *tr.* 赐福，降福

premiar *tr.* 奖赏，奖励

(Clave de adivinanzas: la letra "l"; la letra "o")

① Gustav Weil (1808—1889), orientalista alemán, traductor al alemán de *Las mil y una noches*.

UNIDAD 12

SOBRE ESPAÑA (I)

12-0

Poesía

¡ADIÓS, SOL!

¡Adiós, Sol!
Bien sé que eres la Luna
pero yo
no lo diré a nadie.
Sol,
te ocultas detrás del telón (幕布)
y disfrazas (掩盖) tu rostro
con polvos de arroz.

Federico García Lorca[①]

---

① Federico García Lorca (1898—1936), poeta, dramaturgo español, fusilado por sus ideas liberales.

EN EL RESTAURANTE

Antes de leer:

1. ¿Cómo se piden los platos en un restaurante?
2. ¿Te gusta comer en restaurantes?

Un español llegó a Alemania y en un restaurante pidió el menú. Todo estaba en alemán y él no conocía ni una palabra de ese idioma, pero no quería confesarlo. Creía que los platos estarían divididos como en España: las sopas primero, pescados y huevos después, carne más tarde y postre al final. Marcó con el dedo un plato al azar y pronunció la única palabra que sabía en el idioma local:

menú *m.*	菜单
al azar	任意地
local *adj.*	当地的

—Esto.

Como quien calculaba el hambre que tenía, siguió más abajo con el dedo por entre las muchas palabras desconocidas y pronunció:

—Esto… esto... y esto. —Al decirlo, imaginaba haber pedido sopa, pescado y carne. El camarero dijo que sí con la cabeza y le trajo un plato de sopa. El español pensó que todo iba bien y se tomó la sopa. ¿Qué vino luego? ¡Otro plato de sopa!

Se puso serio y se tomó esta sopa con menos ganas. Terminó y esperó, esta vez un poco nervioso, que llegara... el tercer plato de sopa.

El camarero lo miró curioso. El español hizo esfuerzo y se puso a tomarlo con resignación. Cuando terminó, empezó a pensar en lo que había pedido. Recordaba muy bien haber bajado el dedo hasta el final del menú. Debía haber demasiadas sopas, pero ahora tenía que traerle algo sólido, carne, probablemente.

El camarero le sirvió una copa de coñac y el cliente lanzó un insulto en español. El camarero empezó a hablarle en español:

— ¿El señor es español?...Yo hablo un poquito de su idioma. Si hubiera sabido un poquito antes que es usted de España, habría podido ayudarle en algo.

— ¿Ayudarme en qué? —dijo el cliente con aire molesto.

—En el menú… me temo que el señor no haya comido muy bien.

¡Cómo que no! —Respondió furioso el otro—. He comido lo de siempre, ¡mis tres sopitas y mi copa de coñac!

(313 *palabras*)

con resignación 无可奈何

sólido *adj.* 固态的

coñac *m.* 白兰地

insulto *m.* 辱骂；脏话

Ejercicios

I. Di si son correctas o erróneas las siguientes oraciones según el texto. En caso de ser erróneas, corrígelas oralmente:

1. (　　) Un señor español llegó a un restaurante alemán y pidió platos con la ayuda del camarero.
2. (　　) El camarero sabía un poco de español y el cliente, un poco de alemán.
3. (　　) El cliente marcó con el dedo varios platos al azar.
4. (　　) Se le sirvieron al señor la sopa, el pescado, la carne y el postre.
5. (　　) El señor tomó los platos servidos muy satisfecho.
6. (　　) El señor se sintió molesto cuando el camarero le quería ayudar en algo.
7. (　　) El camarero lanzó un insulto que molestaba mucho al cliente español.

II. Cuestionario:

1. ¿Cómo pudo pedir sus platos el señor español en ese restaurante alemán?
2. ¿Qué creía haber pedido el señor?
3. ¿Qué harías tú en una situación semejante?

12-2

TEXTO 2

¿CÓMO PASAR LAS VACACIONES?

Antes de leer:

1. ¿Cuándo tienes vacaciones?
2. ¿Dónde y cómo pasarías tus vacaciones?

Hoy Cari está contenta, muy contenta. Por fin va a tener vacaciones, una semana de vacaciones. No es mucho, pero como en verano trabaja en el Hotel Veramar y durante el curso tiene que estudiar, no pensaba poder tener estos días de descanso inesperados. Ha sido una buena sorpresa.

Don José, el director del Hotel Veramar, que está muy contento con la seriedad y la profesionalidad de Cari, ha decidido darle una semana de vacaciones pagadas, aunque Cari solo trabaja durante el verano, y poner en la recepción durante esos días a Gisela Duque, una estudiante norteamericana que está estudiando hostelería y turismo y que además necesita practicar el español.

Una semana, la verdad, no es mucho tiempo, o sea, que hay que aprovecharla bien. ¿Qué puede hacer Cari en esta semana? No puede ir muy lejos, dispone de poco dinero, porque está ahorrando para pagar las clases de la academia a partir de octubre. Y los libros también son caros. Por todo eso, no puede

seriedad *f.* 认真；严肃

profesionalidad *f.* 职业素养

hostelería *f.* 饭店管理

turismo *m.* 旅游

ahorrar *tr.* 积蓄，积攒

必读篇

pensar en aviones, trenes de lujo y estancias en hoteles de cinco estrellas.

Ir a su casa, a Cartagena, unos doscientos kilómetros más al norte, no significa un gran cambio. Además, tendría que ayudar a su madre en casa, visitar a los abuelos y a los numerosos tíos y primos, y soportar las preguntas de las amigas y vecinas de su madre, quienes siempre andan metiendo la nariz[①] donde no las llaman.

No, quiere a su madre y a sus cinco hermanos, pero prefiere unos días de libertad, de independencia y de vida personal.

Esta tarde, después de terminar su trabajo, Cari ha ido a una agencia de viajes que está cerca del hotel. Parece bastante seria y tiene buenos precios.

Allí Cari le explica a la señorita que le atiende que últimamente está trabajando mucho y se encuentra cansada. Necesita descansar. Sin embargo, no está contenta con ninguna de las propuestas que le hace la recepcionista. Y vuelve algo decepcionada al hotel.

(333 *palabras*)

lujo *m.*	豪华
estancia *f.*	房间；停留
kilómetro *m.*	公里
agencia de viajes	旅行社

Ejercicios

I. Di si son correctas o erróneas las siguientes oraciones según el texto. En caso de ser erróneas, corrígelas oralmente:

1. (　　) Cari es estudiante y trabaja en verano en un hotel.
2. (　　) Le ha costado mucho esfuerzo a Cari haber conseguido una semana de vacaciones.
3. (　　) Una estudiante norteamericana trabajará en la recepción en sustitución de Cari.

① Andar metiendo la nariz 意为“打听，好奇”。

4. (　　) Con estas vacaciones Cari podrá ir adonde quiera.
5. (　　) Abandonó la idea de volver a casa porque Cari no quiere ver a sus familiares.
6. (　　) Cari fue a una agencia de viajes, donde obtuvo unas propuestas interesantes.
7. (　　) Cari decidió, entre las propuestas, viajar a un lugar más tranquilo.

II. Cuestionario:

1. ¿Por qué le ha dado a Cari una semana de vacaciones el director del hotel?
2. ¿Por qué Cari no está decidida adónde ir?
3. ¿Qué situación económica tiene Cari?

12-3

TEXTO 3

ALOJAMIENTO EN ESPAÑA

Antes de leer:

1. ¿Dónde sueles alojarte cuando viajas?
2. ¿Te gusta alojarte en hotel?

España cuenta con una red hotelera excepcional por el número, la variedad y la calidad de unos establecimientos que se reparten por toda la geografía de nuestro país, y que son capaces de adaptarse a cualquier exigencia y posibilidad.

Los hoteles españoles están clasificados en cinco categorías, que se distinguen con un número de estrellas, que va de una a cinco según los servicios y las características de cada uno. Existe también un reducido número de hoteles de cinco estrellas, de características auténticamente excepcionales, que ostentan además la categoría máxima de gran lujo.

Los denominados hoteles-residencia, con la misma clasificación que los demás hoteles, aunque carecen de restaurante, sirven desayuno, tienen servicio de habitaciones y

red hotelera	饭店网
excepcional *adj.*	特殊的；例外的
variedad *f.*	多样性
establecimiento *m.*	设施
geografía *f.*	地区；地理
clasificado *adj.*	分成……类
categoría *f.*	等级；级别
distinguirse *prnl.*	区分
reducido *adj.*	少的
ostentar *tr.*	显示；炫耀
carecer (de) *intr.*	缺少

必读篇

poseen un bar o una cafetería. Los hostales, establecimientos de naturaleza similar a los hoteles, pero más modestos, constituyen otra modalidad de alojamiento. Están clasificados en tres categorías que van de una a tres estrellas.

Otro posible tipo de alojamiento es el constituido por las casas de huéspedes, que en España se llaman pensiones. De gran tradición en nuestro país, son generalmente establecimientos cómodos, cuyas instalaciones y servicios pueden variar entre la sobriedad y un lujo relativo. Administrados generalmente por la familia propietaria de la casa, su precio suele incluir solamente el alojamiento y las comidas, frecuentemente excelentes. Las pensiones son un tipo de alojamiento ideal para los visitantes que deseen conocer España a profundidad, apartándose de las rutas turísticas más frecuentes.

El alquiler de apartamentos con muebles constituye también una posibilidad de alojamiento interesante. La oferta de apartamentos turísticos se reparte por todo el litoral español, concentrándose especialmente en la Costa Brava, Valencia, Baleares y la Costa del Sol, y puede resultar muy interesante si se viaja en grupo. Los precios, que varían según el lugar y la temporada del año, se suelen calcular por persona y día. La oferta y contratación de apartamentos turísticos forman parte de los servicios habituales de las agencias de viajes.

(325 *palabras*)

hostal *m.* 客栈，旅社
modesto *adj.* 简朴的
constituir *tr.* 构成，组成
pensión *f.* 膳宿公寓；小客店
tradición *f.* 传统
instalación *f.* 设施
sobriedad *f.* 朴素
propietario *adj.* 拥有所有权的
oferta *f.* 供应
litoral *m.* 海岸
temporada *f.* 季节；时期
contratación *f.* 租用

Ejercicios

I. Di si son correctas o erróneas las siguientes oraciones según el texto. En caso de ser erróneas, corrígelas oralmente:

1. (　　) España cuenta con una red hotelera especial.

2. (　　) En España no faltan hoteles lujosos de cinco estrellas.
3. (　　) Los hoteles se concentran en los lugares turísticos y en el centro del país.
4. (　　) Los hostales son más lujosos que los hoteles, que también se clasifican en cinco estrellas.
5. (　　) El alojamiento de turista en España es muy variado en cuanto a su calidad y precio.
6. (　　) El alojamiento en España puede adaptarse a cualquier exigencia por parte del turista.

II. Elige las opciones más adecuadas que corresponden a cada uno:

1. Los hoteles españoles __________
2. Los hoteles-residencia __________
3. Las pensiones __________
4. Los hostales __________
5. Los apartamentos __________

a. son administrados generalmente por la familia propietaria de la casa.
b. constituye un alojamiento ideal para apartarse de las rutas turísticas más frecuentes.
c. carecen de restaurante pero tienen servicios de habitaciones.
d. están clasificados en cinco categorías.
e. se clasifican en tres categorías y son más modestos que los hoteles.
f. tienen un reducido número de alojamientos de gran lujo.
g. son establecimientos de naturaleza parecidos al hotel, pero más modestos.
h. tienen los precios calculados por persona y día.
i. se reparten por el litoral, cuyos precios varían según el lugar y la temporada.

III. Cuestionario:

1. ¿Qué tipos de alojamiento hay en España?
2. ¿Qué características tienen los variados alojamientos?
3. ¿Son parecidos entre sí el sistema de alojamiento en España y el de China?

DESCUBRE BARCELONA CON EL BUS TURÍSTICO

El bus turístico es la forma más original y libre para descubrir los principales puntos de interés turísticos de la ciudad de Barcelona. Porque puedes bajar y subir del autobús tantas veces como quieras a lo largo de tu recorrido: 17 paradas en los lugares más interesantes de la ciudad. Y una vez que has visitado lo que te interesa, puedes tomar el siguiente autobús y continuar tu ruta. Así es el bus turístico, la mejor forma para organizar tu visita a Barcelona a tu gusto.

El bus turístico te ofrece, por el solo hecho de comprar el billete, importantes descuentos para los principales lugares turísticos de la ciudad. Junto con el billete recibirás un carnet que reúne todos estos descuentos y una completa guía turística que te facilitará información sobre el recorrido y visitas de la ciudad. Todo esto es tan solo comprando el billete. Ningún otro medio de transporte da más facilidad.

descuento *m.* 折扣
carnet *m.* 手册
facilitar *tr.* 提供

Puedes visitar el Barrio Gótico①, la Sagrada Familia②. Puedes descubrir los monumentos más interesantes y los lugares más turísticos de Barcelona con toda comodidad. Mira al interior del folleto de la guía turística, encontrarás un plano de la ciudad donde se indica el recorrido del bus, la situación de

comodidad *f.* 方便
folleto *m.* 小册子
plano *m.* 城市地图

① El Barrio Gótico es uno de los cuatro barrios que forman el distrito de Ciutat Vella de Barcelona.
② La Sagrada Familia es una gran basílica católica de Barcelona, diseñada por el arquitecto español Antoni Gaudí.

las paradas y los lugares de interés que puedes visitar en cada una de ellas.

El bus turístico funciona a diario desde el 30 de marzo hasta el 3 de noviembre. El primer autobús sale de la Plaza Catalunya① a las 9 horas de la mañana. El tiempo que se tarda en hacer un recorrido completo sin bajar del autobús es de aproximadamente 2 horas y media. La frecuencia máxima aproximada de paso entre autobuses es de 30 minutos y un mínimo de 15 minutos. Para mayor información consulta el horario detallado en cada parada. Organiza libremente tu visita: puedes iniciar y finalizar tu recorrido en cualquiera de las 17 paradas del bus.

detallado *adj.* 详细的

finalizar *tr.* 结束

Los billetes del bus se venden a bordo del mismo autobús. El billete es válido para el día que indica, pero los descuentos que ofrece pueden ser utilizados hasta el 3 de noviembre.

a bordo 乘车时

válido *adj.* 有效的

(357 *palabras*)

12-5

TEXTO 5

CEUTA, PARAÍSO AZUL DEL MEDITERRÁNEO

No comenzaré intentando venderles Ceuta②. Y no lo haré porque Ceuta no se compra. Si acaso, se comparte, que no es lo mismo. Esta ciudad es, créanme, un destino que les dejará perplejos. Podrán tocar su arte, respirar su naturaleza, saborear su comida, disfrutar de su estratégica situación, de su clima, y también de sus gentes, sus habitantes simpáticos y amables, que son la alegría y el motor de la ciudad.

destino *m.* 目的地

perplejo *adj.* 困惑的

arte *amb.* 艺术

estratégico *adj.* 战略的

clima *m.* 气候

motor *m.* 动力

① La Plaza Catalunya es una céntrica plaza de Barcelona y, con 30, 000 metros cuadrados, la tercera plaza más grande de España.

② Ceuta es una ciudad autónoma de España, situada en la orilla africana del estrecho de Gibraltar.

Pero, aunque yo no intente vendérsela, sí aprovecharé la oportunidad para decirles abiertamente algunas cosas que les revelen verdaderamente con qué les esperamos. Nuestra ciudad no tiene un paisaje áspero. Ni seco. Tiene un paisaje azul, el del mar, y otro verde, el de sus montes, en los que el color de la esperanza deja bien claro dónde está la vida.

Por otra parte Ceuta es un gran centro de compras. Pero no solo es eso. Pueden llevarse de aquí multitud de objetos, artículos novedosos, curiosos y hasta valiosos, a precios más que reducidos por nuestra condición de puerto franco. Pero por favor, además de los comercios, no se olviden de visitar el resto. Tenemos unos miradores como el de Isabel II, o el Faro, desde donde las vistas son realmente espectaculares. Tenemos esas condiciones especiales que les permiten encontrarse en medio de dos culturas, entre dos continentes diferentes, siempre en armonía.

Tenemos nuestras fiestas, en las que nos lo pasamos bien, y con nosotros, todos los que quieren acompañarnos, ya sea en Semana Santa, Carnaval, Navidad o en el peculiar Día de la Mochila de visitar el cementerio para depositar flores en las tumbas de los difuntos, entre otras.

Nuestro arte es gigantesco: monumentos, murallas del siglo XV, iglesias... Y nuestro ocio, nuestra manera de divertirnos, es apto para cualquiera. Ceuta tiene, como otras ciudades, sus zonas de ocio, con sus discotecas, donde la gente se divierte como en cualquier ciudad de Europa.

En general, como ven, tenemos mucho para todos. Ceuta coquetea, es cierto, pero no va más allá. Intenten compartir y vivir esta bella ciudad con 2.500 años de historia, que les está esperando, como siempre, bien arreglada y con entusiasmo.

(361 *palabras*)

revelar *tr.* 反映；泄露
paisaje áspero 穷山恶水
multitud *f.* 大量
novedoso *adj.* 新奇的
puerto franco 自由港
mirador *m.* 观景台
faro *m.* 灯塔
armonía *f.* 和谐
Semana Santa 复活节
Carnaval *m.* 狂欢节
peculiar *adj.* 特殊的，独特的
apto *adj.* 适合的
discoteca *f.* 迪斯科舞厅
coquetear *intr.* 卖弄风情

UNIDAD 13

EL HOMBRE Y EL ANIMAL

13-0

Poesía

PASEO DE COLORES

El verde se va de viaje
sobre las altas montañas
y el amarillo regresa
temprano por la mañana.
El azul bajó a la tierra
para cantar y danzar
con el blanco de las olas
y las arenas del mar.

Mary Collins de Colado[1]

① Mary Collins de Colado, escritora dominicana.

必读篇

13-1 TEXTO 1

EL TIGRE, EL GATO Y LA FUERZA DEL HOMBRE

Antes de leer:

1. ¿Qué podría ocurrir si se juntaran un tigre, un gato y un hombre?
2. ¿El gato y el tigre son animales de la misma clase?

Un hombre salió para arar su campo y llevó consigo un gato para que atrapase a los ratones. El gato corrió por el bosque y se encontró con un tigre. El tigre lo observó muy bien, sacudiendo la cabeza, y concluyó:

—Tengo la impresión de que somos parientes. Pero ¿por qué tú eres tan pequeño y débil, primo?

—Tú también serías pequeño y débil como yo si te tocase vivir con el hombre. Él tiene una fuerza impresionante y no permite que yo crezca y me haga fuerte.

—Debe de tener una fuerza terrible, sin duda —se asombró el tigre.

—Ven a verlo. Está arando en aquel campo.

El tigre fue hasta el campo y le dijo al hombre:

—Me han dicho que tienes una fuerza extraordinaria y que, por ello, no le permites a mi primo, el gato, que crezca y se haga fuerte. Dame, por favor, una prueba de tu fuerza.

—Te la daré de muy buena gana —respondió el hombre—,

sacudir *tr.* 摇晃

concluir *tr.* 得出（结论），推断出

asombrarse *prnl.* 惊奇，惊恐

pero la he dejado en casa.

—Entonces ve a buscarla, te esperaré aquí.

—Claro, pero puede ocurrir que te canses de esperar mientras yo voy a mi casa. Hagamos lo siguiente. Te ataré a un árbol, así estaré seguro de volver a encontrarte.

El tigre aceptó. El hombre lo ató a un árbol, se fue a su casa y volvió con un grueso garrote, con el cual dio unos golpes al tigre como para dejarlo lisiado, mientras exclamaba:

—He aquí una prueba de mi fuerza.

El tigre rugía de dolor y le suplicaba que se detuviese, porque ya sabía bastante con esa prueba de la fuerza de los hombres. Prometía, además, que se internaría en el bosque para no volver a tener ocasión de encontrarse con ningún otro hombre.

Cuando lo hubo apaleado bastante, el hombre lo desató. El tigre se alejó cojeando y lamentándose, mientras se decía para sus adentros: "No me sorprende en absoluto que el gato se haya quedado tan pequeño y débil. Incluso me parece un milagro que aún siga vivo".

(348 *palabras*)

grueso *adj.* 粗的
garrote *m.* 棍，棒
lisiado *adj.* 残废的

internarse *prnl.* 进入，深入

apalear *tr.* 用棍子打
desatar *tr.* 解开，松开
cojear *intr.* 跛行
adentros *m.pl.* 内心
milagro *m.* 奇迹

Ejercicios

I. Di si son correctas o erróneas las siguientes oraciones según el texto. En caso de ser erróneas, corrígelas oralmente:

1. (　　) El hombre se encontró con un tigre cuando araba su tierra.
2. (　　) El tigre se burló del gato que llevó el hombre por su pequeño tamaño.
3. (　　) El gato le dijo al tigre que había sido el hombre quien no le dejaba crecer.
4. (　　) El tigre quería probar la fuerza del hombre, pero este huyó por el miedo.
5. (　　) El tigre, que se ató él mismo a un árbol, fue golpeado por el hombre.

6. (　　) El tigre creía que había sido engañado por el hombre y se internó en el bosque.

II. Cuestionario:

1. ¿Por qué no podía ser grande el gato según él mismo?
2. ¿Tenía el hombre una fuerza tan grande que pudo vencer al tigre con las manos?
3. ¿Podrías contar la historia con tus propias palabras?

LOS DOS ASNOS

Antes de leer:
1. ¿Es perezoso el asno?
2. ¿Qué tipo de trabajos puede hacer un asno?

Un comerciante tenía dos asnos con los que transportaba mercancías. Uno de los burros era humilde y discreto, y el otro era muy vanidoso.

—El amo me aprecia a mí más que a ti —solía decir el burro vanidoso—. En toda la comarca no hay un burro como yo.

Una mañana, el amo despertó a los asnos y les colocó las alforjas. Al más humilde le tocó llevar un cargamento de sal, y al vanidoso, una partida de esponjas. El burro vanidoso se dio cuenta de que él salía ganando en el reparto y dijo:

—No me negarás que el amo me cuida más que a ti. Tú casi no puedes moverte del peso que llevas y yo, ya ves…

Y es que, como todo el mundo sabe, la sal es mucho más pesada que las esponjas.

discreto *adj.*	谨慎的
apreciar *tr.*	欣赏，器重
comarca *f.*	地区，地方
cargamento *m.*	货物
sal *f.*	盐
partida *f.*	宗，批
negar *tr.*	否认
peso *m.*	重物；重量

必读篇

Nada más comenzar a andar, el burro vanidoso empezó a burlarse de su compañero:

—¿No puedes correr más? ¡Pareces un burro viejo!

Al cabo de un rato, llegaron a un río. Solo unos desgastados tablones unían las dos orillas.

desgastado *adj.* 磨损的

tablón *m.* 木板

El comerciante se quedó pensativo durante unos segundos, pero al fin decidió cruzar por allí.

segundo *m.* 秒

Cuando los dos animales y el hombre pisaron los tablones, la madera crujió con el peso. El burro humilde avanzó mirando al frente para no perder el equilibrio. Su compañero hizo lo mismo, pero se despistó un momento y… ¡cataplof! Con la caída, los tablones se movieron y también el comerciante y el otro asno acabaron caídos en el río.

crujir *intr.* 吱吱作响

al frente 向前

despistarse *prnl.* 迷糊；心不在焉

Una vez en el agua, la sal que llevaba el burro humilde comenzó a deshacerse y el animal pudo salir fácilmente: ahora sus alforjas no pesaban nada. Sin embargo, las alforjas del burro vanidoso pesaban cada vez más. ¡Las esponjas se habían llenado de agua!

deshacerse *prnl.* 溶化，溶解

—¡Socorro! ¡Socorro! —rebuznaba angustiado, a punto de ahogarse.

rebuznar *intr.* 驴叫

ahogarse *prnl.* 淹死；窒息

Entonces el comerciante nadó hacia él y le soltó las alforjas. Por fin, el burro pudo salir. Después, los tres no tuvieron más remedio que regresar a casa.

Por el camino de vuelta, el burro vanidoso comprendió que no debía ser tan presumido. Y, por supuesto, decidió no volver a burlarse de su compañero.

(362 *palabras*)

Ejercicios

I. Elige las opciones más adecuadas que corresponden a cada asno:

1. El asno humilde (   )
2. El asno vanidoso (   )

a. se creía que era el burro al que el amo apreciaba más.
b. siempre se burlaba del otro asno.
c. llevaba un cargamento de sal.
d. llevaba una partida de esponjas.
e. se despistó un momento y se cayó al agua.
f. su cargamento se deshizo y pudo salir fácilmente del agua.
g. sus alforjas pesaban cada vez más.
h. estaba a punto de ahogarse gritando y pidiendo ayuda.
i. no volvió a burlarse de su compañero.

II. Cuestionario:

1. ¿Qué ocurrió cuando el hombre y los dos asnos se detuvieron ante un río?
2. ¿Cómo logró salvarse el burro vanidoso?
3. ¿Por qué el burro vanidoso dejó de burlarse de su compañero?

13-3

TEXTO 3

TRES AMIGOS

Antes de leer:

1. ¿Por qué hay animales que necesitan ir a un refugio?
2. ¿Te gustaría criar o adoptar un animalito?

Un día, Pablo, con mucha pena, llevó a sus animales a un refugio. El joven era periodista y debía marcharse unos meses a otro país con el fin de hacer algunas investigaciones. No podía

periodista *m.* 记者

viajar con sus animales y tampoco encontró a nadie que se los cuidara, así que acudió al refugio con la gata Lluvia, el loro Bruno y Rayitas, un pequeño pez de colores.

loro *m.* 鹦鹉

—¿Y cuánto tiempo vas a estar fuera? —le preguntó Mónica, una chica que trabajaba en el refugio.

—Unos meses, volveré lo antes posible —contestó Pablo.

—Verás, Pablo —le explicó ella—. Aquí nos traen muchos animales y nos es muy difícil atender a todos. Algunas personas nos ayudan llevándose a un animal por un tiempo... Pero la mayoría quieren adoptar uno para quedarse con él.

atender *tr.* 照顾

adoptar *tr.* 收养

—Sí, sí, lo sé —dijo Pablo—. Y sé que haréis lo mejor para mis tres amigos... Pero, de verdad, insisto en que en el menor tiempo que pueda, vendré por ellos.

Pasaron dos meses y Pablo, aunque llamaba desde el extranjero al refugio, seguía sin saber cuándo podría volver. Varias personas habían preguntado por alguno de los tres amigos, pero Mónica les explicaba que convenía que se los llevaran solo por unos días, porque un muchacho iba a volver a por ellos. Entonces, siempre habían preferido recoger a algún otro animal al cual poder cuidar todo el tiempo.

convenir *intr.* 适合，适宜

Hasta que llegó aquella señora. Estaba buscando un loro y como el único que había en el refugio era Bruno, se lo llevó. Desde entonces, Mónica había visto a la gata Lluvia muy triste y el pequeño Rayitas había dejado de comer. Y claro, cuando volvió Pablo, se quedó muy desilusionado al no ver a Bruno.

desilusionado *adj.* 失望的

—Lo siento, Pablo —se disculpó Mónica—, pero una señora insistió mucho y se lo llevó.

—Lo entiendo —dijo Pablo—, pero le voy a echar tanto de menos...

Aunque su tristeza duró muy poco, porque en ese instante entró en el refugio aquella señora con Bruno...

—Mirad, os lo vuelvo a traer —dijo ella—. No para de chillar todo el día, dice Lluvia, Lluvia... Y me pide todo el rato galletas, pero cuando se las doy, no se las come.

Mónica atendió a la señora y Pablo recuperó con alegría a sus animales. Él sabía que Bruno no había dicho galletas, sino Rayitas, porque, sin duda, había echado de menos a sus amigos. Y Pablo prometió no separarse nunca más de sus pequeños compañeros.

(414 *palabras*)

Ejercicios

I. Di si son correctas o erróneas las siguientes oraciones según el texto. En caso de ser erróneas, corrígelas oralmente:

1. (   ) Pablo dejó a sus animales a un refugio por el viaje de trabajo.
2. (   ) En el refugio había muchos animales y a todos los atienden muy bien.
3. (   ) Pablo insistía en que volvería al refugio por a sus animales.
4. (   ) Nadie quería adoptar a los animales de Pablo excepto una señora.
5. (   ) Cuando Pablo volvió al refugio por sus animales, a Bruno se lo había llevado otra persona.
6. (   ) Pablo se fue muy triste con su pez Rayitas y su gata Lluvia.

II. Cuestionario:

1. ¿Por qué se sentía desilusionado Pablo al volver al refugio?
2. ¿Por qué la señora devolvió a Bruno al refugio?
3. ¿Qué piensas sobre los animales abandonados?

选读篇

13-4 TEXTO 4

LA GRULLA

Una mañana muy temprano, un noble caballero salió a cazar. Pasó varias horas en el campo, pero no consiguió cobrar ni una sola pieza. En el camino de vuelta, encontró por casualidad una grulla y la cazó. ¡Sería una cena estupenda!

Al llegar a casa, el hombre le pidió a su cocinero que preparara la grulla. El cocinero obedeció a su señor. Limpió la grulla y la colocó en una fuente. Le echó aceite, un poco de sal, unas hojas de laurel, una buena cantidad de cebolla...y la puso a asar en el horno, a fuego muy lento.

"¡Hummm, qué bien huele!", pensaba el cocinero, que era un joven de buen apetito.

Pasado un rato, la grulla estaba ya en su punto. El muchacho no pudo resistirse a probar aquella carne dorada y jugosa. Así que le dio primero un mordisco, luego otro... ¡hasta comerse una pata entera! Después, llevó la grulla a la mesa para servirla.

—Pero... ¿qué es esto? —preguntó el caballero con extrañeza.

—Es grulla asada, señor —respondió el cocinero sin inmutarse.

—Sí, ya veo. Pero... ¿por qué tiene una sola pata?

—Todas las grullas tienen solamente una pata, señor —afirmó con aplomo el joven cocinero.

caballero *m.*	绅士
cobrar *tr.*	俘获
grulla *f.*	鹤
cebolla *f.*	洋葱
mordisco *m.*	咬，啃
extrañeza *f.*	惊奇，诧异
inmutarse *prnl.*	（脸）变色
aplomo *m.*	冷静

—¡Pues yo nunca he visto grullas de una sola pata! —replicó el caballero bastante molesto—. Y te lo demostraré mañana mismo.

Al día siguiente, el caballero y su cocinero fueron cerca del río, a ver las grullas. Cuando llegaron, las aves estaban dormidas sobre una pata, como suele ser su costumbre.

—¿Lo ve, señor? —dijo el joven cocinero, señalando a las grullas.

Entonces, el caballero, con mucha paciencia, le explicó:

—La otra pata la tienen doblada. Está escondida y por eso no se ve. Mira.

Y a continuación, el caballero dio una fuerte palmada mientras decía:

palmada *f.* （手掌）拍击

—¡Chis! ¡Chis!

Con el ruido, las grullas se asustaron, sacaron su otra pata y echaron a volar.

—¿Te das cuenta? ¿Ves como las grullas tienen dos patas? —dijo el caballero bastante enfadado—. Creo que me has mentido...

Pero el joven cocinero, que tenía respuestas para todo, contestó:

—No, señor. No le he mentido. A lo mejor, si le hubiera gritado así a la grulla que cenó ayer, también ella hubiera sacado la otra pata...

Al caballero le hizo tanta gracia la ocurrencia del joven que olvidó su enfado y decidió perdonarlo. Al fin y al cabo, él también entendía que era difícil no caer en la tentación de probar una sabrosa grulla asada.

enfado *m.* 怒气

tentación *f.* 诱惑；欲望

(412 *palabras*)

13-5 TEXTO 5

EL PAÍS DE LOS LEONES

Jeremy James nunca había ido a un "safari park", pero eso del "safari park" sonaba bien. Mamá le explicó que era como un parque zoológico en el que en vez de gente paseando y mirando a los animales había animales paseando y mirando a la gente.

El coche se detuvo ante la caseta de entrada y enseguida atravesaron una verja de hierro.

caseta *f.*	小房子
verja *f.*	铁栅栏

—El país de los leones —murmuró papá—. Esto debe ser interesante.

La primera emoción ocurrió cuando vieron toda una manada de leones despedazando unos buenos trozos de carne justo al lado de la carretera. Papá detuvo el coche para verlos. Y la emoción aumentó cuando un enorme león melenudo se acercó hasta el coche y se puso a mirar a Jeremy James a través del cristal.

despedazar *tr.*	撕碎
melenudo *adj.*	长毛的

—¡Hala! —exclamó Jeremy James—. Si ahora abriera la ventanilla, podría tocarlo.

hala *interj.*	表示惊叹

—Si ahora abrieras la ventanilla —dijo papá—, sería él el que te tocaría a ti.

—Vamos a seguir —dijo mamá—. No me gusta tenerlos tan cerca.

Jeremy James no podía dar crédito a sus oídos. ¿Cómo podía querer irse cuando había un león justo al otro lado de la ventana? Posiblemente nadie había estado jamás tan cerca de un león. No podía ser que mamá quisiera irse de verdad. Pero

选读篇

mamá quería.

—Venga, John —dijo—. Arranca ya el coche.

En ese momento, el país de los leones se volvió superemocionante. Papá intentó arrancar, pero el coche lanzó un resoplido y se quedó clavado donde estaba. Papá lo intentó de nuevo, y de nuevo se oyó un zumbido, una tos y un chirrido, seguido de un silencio. El león dio la vuelta alrededor del coche y se pegó a la ventanilla de mamá relamiéndose los labios.

resoplido *m.*	大声喘息
clavado *adj.*	钉在……的
zumbido *m.*	嗡嗡声
chirrido *m.*	吱嘎响
pegarse *prnl.*	贴近

—¡John, sácanos de aquí! —exclamó mamá.

—¡No puedo! —contestó papá—. ¡No quiere arrancar!

Los demás leones empezaron a mirar hacia el coche. Dos de ellos se acercaron a verlo con más detenimiento, de modo que ya había tres leones dando vueltas alrededor de él.

detenimiento *m.*	仔细

—¡Qué emocionante! —dijo Jeremy James—. ¿Podremos dormir aquí con los leones?

Justo entonces un coche rojo se detuvo a su lado.

—¿Se le ha calado el coche? —preguntó un hombre gritando a través de la ventanilla cerrada.

calarse *prnl.*	（发动机）停转

—¡Sí! —gritó papá.

—¡Voy por ayuda! —gritó el otro señor.

A los pocos minutos se presentaron dos Land-Rover. Y mientras uno de ellos espantaba a los leones, el conductor del otro enganchó un cable al coche de papá y lo remolcó hasta un cobertizo situado fuera de la zona de los leones.

—¡Gracias a Dios que ya pasó todo! —exclamó mamá—. ¡Nunca entenderé a los domadores!

enganchar *tr.*	钩住
cable *m.*	粗绳
remolcar *tr.*	牵引
cobertizo *m.*	棚子
domador *m.*	驯兽人

Jeremy James meneó la cabeza y comentó:

—¡Pues yo no creo que llegue a entender nunca a los mayores!

—¡Ni yo entenderé nunca a los coches! —se lamentó papá.

David Henry Wilson[1]

(473 *palabras*)

① David Henry Wilson (1937—), escritor inglés.

UNIDAD 14

CUENTOS DE FAMILIA

14-0

Dichos y refranes

El tiempo lo cura todo.

——时间可以治愈一切。

El pez por la boca muere.

——祸从口出。

El último que ríe, ríe mejor.

——谁笑到最后，谁笑得最好。

El bien sueña y el mal vuela.

——好事不出门，坏事传千里。

El ocio es la madre de todos los vicios.

——懒惰是万恶之源。

14-1 TEXTO 1

LAS MANÍAS DE LA TÍA CLARA

Antes de leer:

1. ¿Qué quieren decir manías?
2. ¿Tienes tíos o tías? ¿Cómo son ellos?

La tía Clara tiene muchas manías. Mi madre lo ha comentado más de una vez con las vecinas:

—La verdad sea dicha: cuando diseñaron a mi hermana Clara, se rompió el molde.

Yo no sé qué quiere decir con lo de "diseñar" y eso que lo he buscado en el diccionario. Pone: "Diseñar: dibujar, representar de forma gráfica un objeto con el fin de poder construirlo."

Y como la tía Clara no es ningún dibujo, ni construye objetos ni nada de nada, me parece que lo que quiere decir mi madre es que es un poco rara.

Pero antes de continuar, he de decir otra cosa de mi tía: quizá no tenga la cabeza en su sitio, pero habla siempre con mucha dulzura y nunca le he oído ninguna palabrota ni nada de eso.

¡Ah! ¿Queréis saber alguna de sus manías? ¡Ufff! Por ejemplo, tiene una jaula sin ningún pájaro dentro. Pues bien, se pasa las horas muertas delante diciéndole:

manía *f.*	怪癖
molde *m.*	模子，模型
dibujar *tr.*	绘画；制图
representar *tr.*	描绘；呈现
gráfico *adj.*	图示的
dulzura *f.*	温柔；甜蜜
palabrota *f.*	粗话，脏话

必读篇

—Cuchi-cuchi, pajarito bonito, cuchi-cuchi, cántame una cancioncita. ¿Otra? Pues…, ¡ah, sí!

Una de las habitaciones de su casa está llena de trastos hasta el techo. ¡Hay de todo! Revistas viejas, una bicicleta que solo tiene una rueda, un viejo gramófono, un bote de cristal lleno de llaves, una alfombra descolorida, un balancín… ¡y una cazuela grande que tiene la tapadera bien sujeta con una cuerda de cáñamo!

A veces, mi madre le comenta, como quien no quiere la cosa:

—Anda, que ya podrías tirar algunos cacharros, ¿no?

Pero la tía Clara, como quien oye llover.

Algunos días, si en la escuela no me han puesto muchos deberes, voy a casa de mi tía.

—¿Puedo jugar en el cuarto de los trastos?

—¡Pse! —contesta siempre—. Pero no se te ocurra tocar la cazuela…

A lo mejor mi tía no se da cuenta de que, cada vez que me dice eso, me entran más ganas de saber qué hay dentro de la dichosa cazuela. Tantas ganas que, ayer mismo, como pensaba que la tía Clara estaba tendiendo la ropa, le eché la mano encima y…

Y nada. Resultaba que la tía Clara no estaba tendiendo. ¡Qué va! Estaba detrás de la puerta. O sea, que me pilló bien pillado y, después de reñirme por haberla desobedecido, trajo una escalera, subió hasta el último peldaño y escondió la cazuela en la parte más alta de la estantería.

(401 *palabras*)

trasto *m.*	废旧物品
gramófono *m.*	留声机
bote *m.*	盒，罐
alfombra *f.*	地毯
descolorido *adj.*	褪色的
balancín *m.*	摇椅
cazuela *f.*	锅；砂锅
tapadera *f.*	盖子
sujeto *adj.*	捆扎的
cáñamo *m.*	麻
pillar *tr.*	抓住；撞上
peldaño *m.*	阶梯

Ejercicios

I. Di si son correctas o erróneas las siguientes oraciones según el texto. En caso de ser erróneas, corrígelas oralmente:

1. ( ) La mamá del niño creía que su hermana Clara había sido mal diseñada.
2. ( ) Cuando se diseñó a la tía Clara, de veras se rompió el molde para ella.
3. ( ) Las manías de la tía Clara le provocaban mucha curiosidad al niño.
4. ( ) La tía Clara tenía muchas cosas nuevas y lujosas guardadas en casa.
5. ( ) A la tía Clara le gustaba hablar con el pájaro que estaba dentro de la jaula.
6. ( ) El niño frecuentaba la casa de su tía, pero Clara no le dejaba tocar nada.
7. ( ) Aprovechándose de la ausencia de su tía, el niño pudo coger la cazuela.

II. Cuestionario:

1. ¿Qué tipo de manías tiene la tía Clara?
2. ¿Cómo entiendes lo que dijo la mamá del niño: "cuando diseñaron a mi hermana se rompió el molde"?
3. ¿Puedes describir a la tía Clara con tus propias palabras?

14-2

TEXTO 2

NO ERA TAN FÁCIL COMO PENSABA

Antes de leer:

1. ¿Haces trabajos domésticos en casa?
2. ¿Cómo se reparten los quehaceres en tu casa?

Un campesino y su mujer solían discutir frecuentemente. Según decía él, las tareas del hogar eran pocas y fáciles de hacer y, en cambio, el trabajo del campo era muy duro.

Un día decidieron cambiar sus ocupaciones: la mujer se fue al campo y el marido se quedó en casa.

ocupación *f.* 工作，活计

必读篇

—Saca a pastar las ovejas, da de comer a los pollos, prepara la comida y desgrana el maíz —le dijo la mujer al campesino antes de irse al campo.

El campesino se puso a trabajar. Primero sacó el ganado a pastar, pero se le escaparon algunas ovejas y le costó mucho trabajo reunirlas de nuevo. Después fue al patio y ató los pollos a la pata de una gallina para que no se le escaparan. Entonces empezó a preparar la comida.

El campesino recordó que su mujer siempre preparaba la comida mientras desgranaba el maíz y quiso hacer lo mismo que ella.

"Cuando el maíz esté desgranado, la comida estará lista", pensaba el campesino.

Apenas había comenzado la tarea, cuando oyó el asustado cacareo de la gallina y el agudo pío-pío de los pollitos. Entonces salió corriendo para ver qué ocurría en el patio y vio a un enorme gavilán que se llevaba volando a la gallina con sus pollitos atados. Y mientras tanto, los cerdos entraron en la casa, tiraron la olla y se comieron el maíz. Viendo tantas desgracias juntas, el hombre no sabía qué hacer.

Al cabo de un rato, la mujer regresó del campo y preguntó:

—¿Dónde están los pollos y la gallina?

—Los até para que no se perdieran, pero vino un gavilán y se los llevó.

—¿Y qué hace toda esa comida por el suelo?

—Mientras yo estaba desesperado en el patio, los cerdos entraron en casa, se comieron el maíz y tiraron la olla.

—¡Perfecto! —dijo la mujer—. Yo, en cambio, he hecho

pastar *tr.* 放牧

pollo *m.* 雏鸡

desgranar *tr.* 脱粒

gavilán *m.* 雀鹰

hoy tanto como tú cualquier día y además llego pronto a casa.

—Es que en el campo se hace una sola cosa, mientras que aquí hay que hacer todo a la vez: prepara esto, piensa en aquello, cuida lo otro. ¡No se pueden hacer tantas cosas al mismo tiempo!

—Yo las hago todos los días y las hago bien, así que no discutamos más. Y no vuelvas a decir que las tareas del hogar son pocas y fáciles de hacer —afirmó la mujer.

Adaptación de un cuento de Liev Nikoláievich Tolstói

(400 *palabras*)

Ejercicios

I. Pon en orden las siguientes oraciones según el texto:

1. (　　) Hombre y mujer decidieron intercambiar sus ocupaciones.
2. (　　) El hombre no sabía qué hacer, viendo tantas desgracias juntas.
3. (　　) La mujer regresó del campo y preguntó al marido qué le había ocurrido.
4. (　　) Le costó al hombre mucho trabajo reunir las ovejas que se habían escapado.
5. (　　) Los cerdos entraron en la casa, tiraron la olla y se comieron el maíz.
6. (　　) Los dos no volvieron a discutir más y siguieron con sus ocupaciones.
7. (　　) Un campesino y su mujer solían discutir frecuentemente.
8. (　　) Un enorme gavilán se llevó volando a la gallina con sus pollitos atados.

II. Cuestionario:

1. ¿Qué ocurrió en el hogar después de que la mujer se fue al campo?
2. ¿Por qué no pudo realizar bien el marido los tareas del hogar?
3. ¿Por qué el cuento se titula así?
4. ¿Qué harías tú en una semejante situación?

14-3 TEXTO 3

ROSALINDE SE ENFADA

Antes de leer:

1. ¿Tienes buena memoria?
2. ¿Te enfadas fácilmente?

Rosalinde se enfada. Se enfada mucho y la causa de su enfado es ella misma. Es que continuamente se olvida de algo. Por la noche, repite diez veces:

—Tengo que meter las pinturas en la mochila. Mañana hay clase de dibujo y las necesito.

pintura *f.* 颜料

Pero al día siguiente, en el colegio, las pinturas no están en la mochila. Las ha dejado en casa.

O también, a veces, la abuela le dice:

—Cariño, voy a dormir una siestecita. Despiértame a las tres en punto.

A las cuatro entra la abuela en el cuarto de estar, semidormida y malhumorada.

—No puede una fiarse de ti. Se te olvida todo.

fiarse (de) *prnl.* 信任

Rosalinde olvida también que hoy su papá la va a recoger al colegio y se marcha a casa tan tranquila.

Rosalinde hace nudos en los pañuelos para recordar las cosas. Su mamá se lo aconsejó.

nudo *m.* 结

pañuelo *m.* 手帕

Rosalinde tiene los bolsillos llenos de pañuelos con nudos, que le recuerdan que debe acordarse de algo, pero nunca se acuerda de qué.

En cambio, cuando Rosalinde quiere olvidar algo, no lo consigue. Ya lo ha comprobado. Por ejemplo, se sienta en la cama y mira fijamente a su oso de peluche. Después, se ordena a sí misma: “Olvida al oso, no pienses en él”.

Rosalinde se tumba en la cama e intenta olvidar al osito. Piensa en su última fiesta de cumpleaños, en un prado lleno de margaritas, en los deberes de matemáticas… Pero en la fiesta de cumpleaños hay un oso que sopla las velas, sobre el prado hay un oso gordinflón que recoge margaritas y en los deberes de matemáticas, todo está lleno de osos de peluche. Imposible. No consigue olvidarse.

—¡Qué faena! —dice Rosalinde—. En mi cabeza, los circuitos que se ocupan de la memoria y del olvido deben de estar cruzados. Tiene que ser un defecto de nacimiento.

—A propósito de la falta de memoria —pregunta la abuela—, Rosalinde, ¿has recogido el periódico al volver del colegio?

Rosalinde no lo ha recogido. Se le ha olvidado.

—Abuela, es que tengo estropeados los circuitos del cerebro —se disculpa—. Pero voy a tratar de superar ese defecto de nacimiento.

A la mañana siguiente, Rosalinde se dice a sí misma:

—Voy a olvidar el periódico, voy a olvidar el periódico... Desde ahora no voy a pensar en el periódico.

Al mediodía, Rosalinde llega a casa cantando.

—Abuela, te he traído el periódico —dice mientras lo levanta orgullosa.

La abuela afirma que ha ocurrido un milagro.

peluche *m.* 长毛绒

tumbarse *prnl.* 躺下

prado *m.* 草地，草原

gordinflón *adj.* 肥胖的

—No es un milagro —dice Rosalinde—. Es que ahora ya sé cómo manejar los circuitos de mi cerebro.

Christine Nöstlinger[①]

(434 *palabras*)

manejar *tr.* 掌控，掌握

Ejercicios

I. Elige las opciones más adecuadas que corresponden a cada uno:

1. Rosalinde se enfada porque __________.
2. El padre se molesta porque __________.
3. La abuela se malhumora porque __________.

a. cuando quiere olvidar algo, no lo consigue.
b. no se acuerda del periódico que debe recoger.
c. Rosalinde se marcha a casa olvidándose de que él va a recogerla.
d. Rosalinde se olvida de despertarla.
e. se olvida de meter sus pinturas en la mochila.
f. no recuerda lo que significan los nudos en los pañuelos.

II. Di si son correctas o erróneas las siguientes oraciones según el texto. En caso de ser erróneas, corrígelas oralmente:

1. (   ) Los nudos hechos con los pañuelos pueden recordar a Rosalinde.
2. (   ) Cuando Rosalinde quiere olvidar algo, no lo consigue.
3. (   ) El oso que intenta olvidar Rosalinde aparece siempre en su cabeza.
4. (   ) Rosalinde cree que los circuitos que se ocupan de la memoria y del olvido deben de estar cruzados en su cerebro.
5. (   ) Rosalinde nunca se ha acordado del periódico de la abuela.
6. (   ) Rosalinde ya no quiere solucionar su problema de memoria.

III. Cuestionario:

1. ¿Qué problemas tiene Rosalinde?
2. ¿Cómo ha conseguido resolver su problema de mala memoria Rosalinde?
3. ¿Qué harías tú para no olvidar cosas importantes?

---

① Christine Nöstlinger (1936—), una de las más reconocidas escritoras de literatura juvenil austriaca (奥地利).

选读篇

EL JARRÓN

Cuando yo era un jarrón, tenía mucho miedo de romperme. Todas las noches soñaba que me rompía y luego, durante el día, me sorprendía de no estar roto.

¡Había tantos peligros a mi alrededor! Para un jarrón como yo casi todo suponía una amenaza. Y más aún cuando Pedrito empezó a andar. Entonces Amelia retiró todos los objetos frágiles que había a su alcance y a mí me colocó en lo más alto del mueble del salón.

- suponer *tr.* 意味着
- amenaza *f.* 威胁
- frágil *adj.* 易碎的；脆弱的
- a (su) alcance （他）力所能及的范围

Pero Pedrito crecía. Llegó un momento en que aprendió a subirse a los muebles. Los estantes eran para él como peldaños de una gran escalera, y encima de una de esas escaleras me encontraba yo, temblando. Un día, Amelia lo sorprendió cuando estaba a punto de cogerme.

- estante *m.* 隔板

Esa noche soñé que me rompía exactamente en 1.222 trocitos. Cuando Amelia trataba de juntarlos, preguntó:

- juntar *tr.* 汇集；使连接

—¿Alguien ha visto el trocito 1.222?

Y como nadie respondía, supe que me quedaría roto para siempre. Miedo, miedo...

Pedrito seguía creciendo, y pronto su hermana Lourdes comenzó también a hacer travesuras. Un día vi con horror cómo le cuchicheaba algo a Pedrito mientras me miraban los dos fijamente. Durante varios días volvieron a cuchichear y a

- travesura *f.* 顽皮，淘气
- horror *m.* 惧怕
- cuchichear *intr.* 窃窃私语

mirarme. Por fin, una tarde, Pedrito subió a Lourdes sobre sus hombros y ambos se acercaron tambaleándose hacia mí.

hombro *m.* 肩膀

—¿Qué hacéis, niños? —gritó Amelia en ese momento—. ¿Qué os ha hecho ese jarrón, que siempre estáis detrás de él?

Entre sobresalto y sobresalto, pasaron los años. Poco a poco Pedrito comenzó a ser Pedro y Lourdes aprendió a escribir mensajes de amor. En aquella época, Amelia me colocó de nuevo en el lugar que antes ocupaba. Parecía que ya no había razones para sentir miedo y, sin embargo, yo continuaba soñando que me rompía.

Pero no me rompí. Pedro y Lourdes se hicieron mayores y se marcharon de casa. Aún así, yo seguía teniendo miedo. Hasta que, un día, Pedro, que había venido de visita, se levantó del sofá donde charlaba con Amelia y vino hacia mí:

—¿Te acuerdas, mamá, cómo nos atraía este jarrón de pequeños a Lourdes y a mí? —dijo.

atraer *tr.* 吸引

—¡Claro que sí! Si estuvisteis a punto de romperlo...

—¿Y quieres saber por qué nos gustaba tanto? —preguntó en tono misterioso—. Lourdes y yo creíamos que, al mirar por la ventanita de la casa que hay dibujada en el jarrón, descubriríamos a alguien ahí dentro.

Esa noche soñé que yo era la casa que había en mi dibujo. Pedro y Lourdes, niños otra vez, se colaban por la ventana. Yo los sentía correr por mis habitaciones. Algunos objetos frágiles estuvieron a punto de romperse en medio de sus carreras, pero yo los oía reír y, por primera vez, me sentí feliz. Supe entonces que siempre había estado equivocado, y que una vida con miedo no es una vida que valga la pena.

colarse *prnl.* 钻进；溜进

(476 *palabras*)

AGU TROT

En la vida del señor Hoppy había dos grandes amores. Uno eran las flores que cultivaba en su balcón y el otro, la señora Silver, que vivía justo en el piso de abajo.

balcón *m.* 阳台

Por su parte, la señora Silver le daba todo su amor a una tortuguita llamada Alfie, a la que susurraba palabras cariñosas continuamente.

Una mañana, cuando el señor Hoppy se asomó al balcón, vio a la señora Silver dando el desayuno a Alfie.

—Toma este cogollito de lechuga, mi amor —decía ella—.

—Tienes que engordar, solo pesas cuatrocientos gramos.

cogollito *m.dim.* 小菜心

lechuga *f.* 莴苣

gramo *m.* 克

—Señora Silver —intervino el señor Hoppy—, yo puedo hacer que su tortuga crezca más deprisa.

—¡Dígame cómo y le estaré eternamente agradecida!

El señor Hoppy sintió una gran emoción al oír aquellas palabras y, al cabo de unos minutos, un papel atado a una cuerda bajaba hasta el balcón de la señora Silver. Ella cogió aquel papel y leyó:

Agu trot, agu trot

¡ecerc, etahcnih, adrogne!

¡notnom nu emoc!

—¿Qué significa? —preguntó—. ¿Es otro lenguaje?

—Es lenguaje de tortugas —dijo el señor Hoppy—. Las tortugas son animales muy enrevesados y solo entienden las palabras escritas al revés. Léale esto a diario y ya verá.

enrevesado *adj.* 难理解的；复杂的

Al día siguiente, el señor Hoppy visitó varias tiendas de animales y compró nada menos que ciento veinte tortugas.

A continuación fabricó un invento llamado cazatortugas, que consistía en una pinza de metal sujeta al extremo de un largo palo. Luego esperó a que la señora Silver saliera de su casa, situó su cazatortugas sobre Alfie, cerró la pinza sobre el caparazón y la subió hasta su balcón.

pinza *f.* 夹子

El señor Hoppy comprobó el peso de Alfie, buscó una tortuga que pesara exactamente cincuenta gramos más y la bajó al balcón de la señora Silver. La tortuga número dos empezó a comer con entusiasmo las tiernas hojas de lechuga.

—Vaya, Alfie, pareces hambrienta —dijo la señora Silver al volver del trabajo—. Debe de ser por las palabras mágicas.

El señor Hoppy esperó siete días antes de actuar otra vez. Entonces, recogió a la tortuga número dos y bajó a la tortuga número tres, que pesaba cincuenta gramos más.

En las ocho semanas siguientes, entraron en juego la tortuga número cuatro, la número cinco… y la número ocho, que pesaba setecientos cincuenta gramos.

Lentamente, el peso del animalito casi se había duplicado.

duplicarse *prnl.* 加倍；翻番

—¡Señor Hoppy! —gritó la señora Silver a la octava semana—. ¡Sus palabras mágicas han funcionado! Venga usted mismo a verlo.

El señor Hoppy bajó como un rayo y se encontró con la cálida sonrisa de su vecina. Aquello le dio el coraje necesario para atreverse a decir:

cálido *adj.* 热情的

coraje *m.* 勇气

—Señora Silver, ¿quiere casarse conmigo?

—¡Claro que sí! ¡Creí que no iba a pedírmelo nunca!

El señor Hoppy regaló todas sus tortugas a una tienda de animales. Una semana más tarde, los dos se casaron y vivieron felices por siempre jamás.

Roald Dahl[1]

(483 *palabras*)

① Roald Dahl (1916—1990), novelista y autor de cuentos británico.

UNIDAD 15

SOBRE ESPAÑA (II)

15-0

Poesía

FLORES NUEVAS

¡Llegaron las flores!
¡A revestirse de ellas, oh príncipes,
a adquirir su riqueza (华美)!
Fugaces (短暂的) en extremo nos muestran su rostro,
fugaces reverberan (放光).
Solo en tiempo de verdor llegan a ser perfectas.
¡Las amarillas flores de mil pétalos (花瓣)!
¡Llegaron las flores junto a la montaña!

Anónimo de Huejotzingo[①]

(Traducción de Ángel María Garibay K.[②] **)**

---

① 韦霍钦戈，位于墨西哥布埃布拉州。

② Ángel María Garibay Kintana (1892—1967), sacerdote católico, filólogo e historiador mexicano.

必读篇

EL MEDIO GEOGRÁFICO DE ESPAÑA

Antes de leer:

1. ¿Qué es el medio geográfico?
2. ¿Cómo es España geográficamente?

España, con una superficie de 505.954 kilómetros cuadrados, es uno de los países más grandes de Europa, detrás de Rusia y de Francia. El territorio español ocupa la mayor parte de la Península Ibérica[①] y los archipiélagos de Baleares y Canarias[②]. Está unido al continente europeo por un istmo montañoso de 435 kilómetros: los Montes Pirineos[③]. Una gran meseta central (210.000 kilómetros cuadrados), de notable altitud media (660 m), domina la geografía española. Está aislada del litoral por altas cordilleras, que hacen muy difíciles las comunicaciones entre el interior y la costa.

España tiene un clima muy diverso a lo largo de todo su territorio. Predomina el carácter mediterráneo en casi toda su geografía. La variedad climática es muy fuerte. En la meseta se registran temperaturas extremas con escasas lluvias. En la periferia, el clima es húmedo al norte y seco y suave al este y al sur. Las costas del sur y mediterráneas tienen un clima denominado mediterráneo de costa: temperaturas suaves,

- cuadrado *adj.* 平方的
- territorio *m.* 领土
- archipiélago *m.* 群岛
- istmo *m.* 地峡
- meseta *f.* 高原
- altitud *f.* 海拔高度
- medio *adj.* 平均的
- cordillera *f.* 山脉
- predominar *intr.* 居主导地位
- escaso *adj.* 不多的；缺少……的
- periferia *f.* 周边，周围

① 伊比利亚半岛。
② 巴利阿里群岛和加纳利群岛。
③ 比利牛斯山。

precipitaciones abundantes casi todo el año excepto en verano. Los contrastes geográficos y los acontecimientos de la historia conformaron en el pasado cierta oposición entre la árida España interior y la fértil España periférica.

Pero el desarrollo industrial en amplias zonas de la meseta, tradicionalmente agrícola ha debilitado tal antagonismo. Con una población superior a 40 millones de habitantes, España se encuentra entre los diez países más industrializados del mundo. La capital, Madrid, supera los cuatro millones de habitantes.

España es hoy una monarquía constitucional. El Rey Juan Carlos I es el jefe del Estado. El gobierno se elige democráticamente. Desde el 1 de enero de 1986, España pertenece a la Comunidad Europea (CE) ①, actualmente Unión Europea (UE) ②.

(286 *palabras*)

precipitación *f.* 降水，降水量
excepto *adv.* 除……之外
acontecimiento *m.* 重大事件
oposición *f.* 对立
árido *adj.* 干旱的
industrial *adj.* 工业的
agrícola *adj.* 农业的
debilitar *tr.* 削弱
antagonismo *m.* 对立
monarquía constitucional 君主立宪制
democráticamente *adv.* 民主地

Ejercicios

I. Elige la opción más adecuada para rellenar el espacio en blanco:

1. España ocupa la mayor parte de __________.
   a) los Baleares b) la Península Ibérica c) las Canarias
2. En cuanto a la superficie, España ocupa el __________ en Europa.
   a) primer puesto b) tercer puesto c) cuarto puesto
3. España pertenece hoy a __________.
   a) Europa b) la Unión Europea c) la Comunidad Europea
4. España tiene un clima __________.
   a) suave b) fuerte c) diverso

---

① 1965 年 4 月 8 日，法、德、意、荷、比、卢签订《布鲁塞尔条约》，决定将三个共同体（欧洲经济共同体、欧洲煤钢共同体、欧洲原子能共同体）合并，统称欧洲共同体。《布鲁塞尔条约》于 1967 年 7 月 1 日生效。

② 欧洲联盟（简称欧盟）是由欧洲共同体发展而来的。1991 年 12 月，欧洲共同体马斯特里赫特首脑会议通过《欧洲联盟条约》，通称《马斯特里赫特条约》。1993 年 11 月 1 日条约生效，欧盟正式诞生，总部设在比利时首都布鲁塞尔。

5. España es un país básicamente __________.
   a) industrial   b) agrícola   c) pesquero

II. Cuestionario:

1. ¿Cómo es el clima de España?
2. ¿Cuáles son los países vecinos de España?
3. Consulta la enciclopedia para tener más informaciones sobre la geografía de España.

15-2

TEXTO 2

MADRID

Antes de leer:

1. ¿Has estado en Madrid?
2. ¿Tienes algún conocimiento de Madrid?

Madrid, situado en la meseta de Castilla la Nueva[①], ocupa el centro geográfico de la Península Ibérica. La tierra está a 650 metros sobre el nivel del mar. En lo que se refiere al cielo, según los científicos, Madrid es una de las ciudades europeas que cuentan con mayor número de días de cielo limpio al año.

Madrid tiene cuatro estaciones bien marcadas. La primavera tiene sol claro y aire fresco. En verano hace muchísimo calor y la temperatura máxima puede llegar hasta 40 grados centígrados. Por eso, en julio y agosto, la gente de la ciudad está de vacaciones pasándolas en las playas o en otras partes del país. El otoño madrileño es muy agradable, con cielo limpio y temperaturas ni bajas ni altas. En invierno no hace mucho

marcado *adj.* 明显的；清楚的

centígrado *adj.* 摄氏的

① Castilla la Nueva es el nombre de una de las antiguas regiones españolas anteriores a la actual división en comunidades autónomas. Abarcaba las provincias de Ciudad Real, Cuenca, Guadalajara, Madrid y Toledo; asimismo, por razones geográficas, históricas y culturales, suele incluirse a la provincia de Albacete como parte de Castilla la Nueva.

frío, pero llueve. El cielo de Madrid es muy conocido y muchos pintores lo reproducen en sus cuadros.

El rey Felipe III, nacido en Madrid, puso allí la capital de España en 1606. Fue la época en que "don Quijote" ya andaba por el mundo, porque precisamente un año antes había nacido la novela de Miguel de Cervantes, una de las obras maestras de la literatura mundial.

Madrid tiene su pequeño río, el Manzanares, con poca agua, pero mucha literatura y grandes puentes históricos. Se encuentra también en la ciudad el "kilómetro cero", desde donde salen todas las carreteras hacia distintos lugares del país.

Madrid ha crecido mucho en los últimos años. Es ya una capital de más de cuatro millones de habitantes, con una superficie de 531 kilómetros cuadrados en la región municipal. Se distribuyen por la ciudad muchas casas antiguas y modernas. Lo más importante es conocer los distintos Madrides. Hay un Madrid de los Felipes y otro del Museo del Prado. Igualmente existen el Madrid de las novelas de Galdós[①], que es nuestro Balzac[②] o nuestro Dickens[③], el de los toreros, el de los bailaores de flamenco y el de los artistas. Hay que conocerlos uno tras otro. A Madrid hay que vivirlo antes de contarlo.

(343 *palabras*)

cuadro *m.* 画，绘画

región *f.* 地区，区域

distribuirse *prnl.* 分布；分配

torero *m.* 斗牛士

bailaor *m.* （弗拉门戈）舞者

flamenco *m.* 弗拉门戈舞

Ejercicios

I. Di si son correctas o erróneas las siguientes oraciones según el texto. En caso de ser erróneas, corrígelas oralmente:

1. (　　) Madrid, capital de España, ocupa el centro geográfico de la Península Ibérica.

① Benito Pérez Galdós (1843—1920), novelista, dramaturgo y cronista español.

② Honoré de Balzac (1799—1850), novelista francés representante de la llamada novela realista del siglo XIX.

③ Charles Dickens (1812—1870), novelista inglés, uno de los más conocidos de la literatura universal.

2. ( ) Madrid tiene el cielo más limpio de Europa.
3. ( ) Entre las cuatro estaciones de Madrid no se notan muchas diferencias.
4. ( ) Madrid cuenta con un río de abundantes aguas.
5. ( ) En Madrid, todas las carreteras salen del "kilómetro cero" hacia distintos lugares del país.
6. ( ) El rey Felipe III puso su lugar de nacimiento como la capital de España en 1606.

II. Cuestionario:

1. ¿Qué aspectos geográficos tiene Madrid?
2. ¿Por qué el autor dice que existen varios Madrides?
3. Trata de conseguir más informaciones sobre Madrid utilizando el internet.

15-3

TEXTO 3

LAS LENGUAS DE ESPAÑA

Antes de leer:

1. ¿Sabes cuántas lenguas se hablan en España?
2. ¿Te gusta estudiar español?

En el siglo XVI, el castellano se convirtió en la lengua más importante de la Península Ibérica. Al descubrir Cristóbal Colón América, muchos españoles viajaban al Nuevo Mundo. Como usaban más el castellano, mucha gente creía que era la única lengua de España y lo consideró como español. Pero en realidad, el castellano no es el único idioma del país, y existen, como existían también en la antigüedad, otras lenguas españolas.

Hoy en día, el castellano es lengua materna de unos 400 millones de personas en todo el mundo. De ellas, más de 300 millones lo tienen como lengua oficial. Por eso, es una de las

antigüedad *f.* 古代；古老

lengua materna 母语

oficial *adj.* 官方的

lenguas más importantes de la Tierra.

Además del castellano, en España se hablan también el euskera, el gallego y el catalán. La gente que usa estas lenguas llega a unos nueve millones. El catalán es, como el castellano, una lengua románica. Tiene larga historia, ya que el primer documento escrito en este idioma apareció en 1140. Ahora se usa principalmente en Cataluña. En total, entre cinco y seis millones lo tienen como lengua materna, pero muchos españoles de otras regiones que viven o trabajan en Cataluña, también lo hablan o entienden. El gallego, lengua escrita desde el siglo XIII, se practica, junto con el castellano, en Galicia, situada en el noroeste de la península. Se cree que el número de los hablantes llega a dos millones.

euskera *m.* 巴斯克语
gallego *m.* 加利西亚语
catalán *m.* 加泰罗尼亚语
románico *adj.* 罗马语族的
documento *m.* 文献，资料
noroeste *m.* 西北

El euskera, conocido también con el nombre de vasco, es una lengua muy peculiar, porque aunque se habla en el continente europeo, no es de la familia indoeuropea. Junto con el castellano, es la lengua oficial en el País Vasco① y en parte de Navarra. Es lengua materna para unas 600 mil personas.

vasco *m.* 巴斯克语
indoeuropeo *adj.* 印欧语系的

Por último, como lenguas extranjeras de cultura, en España es muy común la enseñanza del inglés y francés.

(307 *palabras*)

Ejercicios

I. Elige las opciones más adecuadas que corresponden a cada lengua:

1. El castellano ( )
2. El gallego ( )
3. El catalán ( )
4. El euskera ( )

① 西班牙巴斯克自治区。

a. lengua oficial de España.
b. lengua románica.
c. dos millones de hablantes.
d. lengua indoeuropea.
e. lengua materna de unos 300 millones de personas.
f. usada principalmente en Cataluña.
g. lengua escrita desde el siglo XIII.
h. lengua oficial en el País Vasco y en parte de Navarra.
i. lengua oficial de 300 millones de personas
j. practicada en Galicia

II. Cuestionario:

1. ¿Cuáles son las lenguas oficiales de España?
2. ¿En qué zonas se hablan estas lenguas respectivamente?
3. ¿Por qué al castellano lo denominan español?

选读篇

15-4 TEXTO 4

LOS VINOS ESPAÑOLES

España tiene muchas clases de vinos, pues se producen en casi todas las regiones. En cuanto a cantidad, la región más importante es La Mancha. Pero hay otras zonas que también producen vino, aunque el clima sea menos apropiado.

La historia del vino español empezó con los romanos, porque España tiene un clima muy favorable para el cultivo de la vid. La cantidad de horas de sol es muy importante, por eso la mayor extensión de viñas de todo el mundo es la española. Para los romanos el vino español era tan fuerte que se hacía necesario mezclarlo con agua.

Durante mucho tiempo la cantidad fue más importante que la calidad, pero las cosas han cambiado en los últimos veinte años, y ahora se da más importancia a la calidad: la competencia es muy fuerte. En el Reino Unido, por poner un ejemplo, se consumen más botellas de vinos australianos que franceses, cuando hace muy poco tiempo era al revés. Esta es una buena prueba de lo que está pasando.

Dejando a un lado el caso de los vinos de Rioja, que siempre han mantenido un mayor nivel de exigencia, en algunas zonas de España, como la Ribera del Duero, han empezado a romper la diferencia entre agricultor, persona que se ocupa de las viñas, y bodeguero, que es quien almacena y trata los vinos.

¿Y cuánto vino se consume en España? Hace setenta años

apropiado *adj.* 适宜的

favorable *adj.* 适宜的，有利的

cultivo *m.* 种植

vid *f.* 葡萄

viña *f.* 葡萄园

competencia *f.* 竞争

australiano *adj.* 澳大利亚的

prueba *f.* 证明，证实

agricultor *m.* 种植者

bodeguero *m.* 酒庄主

consumir *tr.* 吃喝；消费

se consumían 70 litros por persona al año. En la actualidad, 30 litros, por eso es necesario exportar y para esto hay que saber competir con Francia, Italia y Australia.

El vino forma parte de la tradición cultural de España, de la forma de pasar el tiempo charlando de lo que sea. Y en la base de esa tradición tiene que estar la agricultura ecológica: esta es la base de las nuevas generaciones de agricultores. No se puede pensar solo en hacer dinero fácil, y hay que decidirse: cantidad o calidad.

(329 *palabras*)

exportar *tr.* 出口

ecológico *adj.* 生态的

base *f.* 基础

15-5

TEXTO 5

LA AVENTURA DE LOS MOLINOS

Don Quijote y su compañero Sancho Panza descubrieron 30 ó 40 molinos de viento que había en el campo y cuando el primero los vio, dijo a su acompañante:

—Allí, amigo Panza, se descubren 30 o poco más gigantes, contra quienes pienso luchar y quitarles las vidas, que es una buena guerra y es gran servicio a Dios.

—¿Qué gigantes? —dijo Panza.

—Aquellos que allí ves —respondió su amo— de los largos brazos.

—Mire —respondió Sancho— que aquellos que allí aparecen no son gigantes, sino molinos y lo que en ellos parecen brazos son las aspas.

—Bien parece que no sabes nada de las aventuras —dijo

molino de viento 风力磨坊；风车

acompañante *m.* 陪伴者

aspa *f.* 风车翼

el otro— ellos son gigantes. Si tienes miedo, quítate de ahí, que yo voy a entrar con ellos en desigual batalla.

Diciendo eso, subió a su caballo sin atender a las voces que su escudero Sancho le daba, advirtiéndole que, sin duda alguna, eran molinos de viento y no gigantes aquellos que iba a atacar. Pero él estaba tan seguro de que eran gigantes, que ni oía las voces de su escudero ni veía, aunque estaba ya cerca, lo que eran.

atender (a) *intr.* 听从，理会

escudero *m.* （持盾牌的）侍从

Se levantó en esto un poco de viento y las grandes aspas comenzaron a moverse. Viendo esto, atacó el primer molino que estaba delante y cuando dio una lanzada en el aspa, la volvió el viento con tal fuerza, que hizo pedazos la lanza y lanzó al caballo y al caballero rodando por el campo.

lanzada *f.* （长矛的）刺杀

Acudió Sancho a ayudarle corriendo y cuando llegó, encontró que no se podía mover.

—¿No le dije que no eran sino molinos de viento?

—Calla, amigo Sancho, que las cosas de la guerra están, más que otras, sujetas a continuo cambio. Mas pienso yo que aquel sabio, que me robó los libros, ha cambiado estos gigantes en molinos, para quitarme la gloria de vencerlos.

sujeto a 受制于……的

gloria *f.* 荣耀，荣誉

Y, ayudándole a levantarse, volvió a subir sobre su caballo que medio deshecho estaba, siguieron el camino.

deshecho *adj.* 弄垮的

(342 *palabras*)

UNIDAD 16

FÁBULAS CLÁSICAS (I)

16-0

Poesía

LUNA GRANDE

La puerta está abierta;
el grillo (蟋蟀), cantando.
¿Andas tú desnuda
por el campo?
Como un agua eterna
por todo entra y sale.

¿Andas tú desnuda
por el aire?
La albahaca (罗勒) no duerme
la hormiga trabaja,
¿Andas tú desnuda
por la casa?

Juan Ramón Jiménez[1]

---

① Juan Ramón Jiménez (1881—1958), poeta español, ganador del Premio Nobel de Literatura en 1956.

必读篇

16-1 TEXTO 1

BLANCANIEVES Y LOS SIETE ENANITOS

Antes de leer:

1. ¿Quiénes son los enanitos?
2. ¿Te gustan las fábulas clásicas?

En un país lejano vivía una bella princesita llamada Blancanieves con su madrastra, la reina.

La reina tenía un espejo mágico al que siempre preguntaba:

—¿Quién es la más bella?

Y el espejo respondía:

—Tú eres, oh reina, sin duda la más hermosa.

Pasaron los años y un día la reina, como siempre, preguntó a su espejo mágico quién era la más bella. Pero esta vez el espejo contestó:

—La más bella es Blancanieves.

La reina, enfadada, ordenó a un cazador que llevara a Blancanieves al bosque y la matara. Pero el cazador la dejó huir.

Blancanieves pasó la noche llorando y andando y, al amanecer, descubrió una casita. Los muebles eran pequeñísimos y en la alcoba había siete camitas. La princesa estaba muy cansada, por eso, juntó las camitas, se acostó y se quedó

madrastra *f.* 继母

espejo *m.* 镜子

alcoba *f.* 卧室

dormida.

Por la tarde llegaron los dueños de la casa: siete enanitos que trabajaban en una mina y se sorprendieron al descubrir a Blancanieves.

enanito *m.*	小矮人
mina *f.*	矿场

Ella les contó su historia y los enanitos le pidieron que se quedase a vivir con ellos.

Unos meses más tarde, la reina volvió a preguntar al espejo:

—Dime espejito, ¿quién es ahora la más bella?

—Sigue siendo Blancanieves, que ahora vive en el bosque en la casa de los enanitos —respondió el espejo.

Furiosa, la madrastra se disfrazó de viejecita y partió hacia la casita del bosque donde vivían los enanitos.

Blancanieves estaba sola cuando llegó la reina disfrazada de viejecita. Esta le ofreció una manzana envenenada. La princesa mordió la manzana y, al instante, cayó desmayada.

envenenado *adj.*	有毒的
desmayado *adj.*	昏迷的

Cuando los enanitos volvieron a casa, encontraron a Blancanieves tendida en el suelo. Creyeron que había muerto y, muy apenados, construyeron una urna de cristal donde depositar a la princesa.

urna de cristal	玻璃罩
depositar *tr.*	停放

En ese momento llegó al bosque un príncipe a lomos de un hermoso caballo. Cuando vio a Blancanieves en la urna se enamoró de ella y le dio un beso. La princesa se despertó de inmediato. El beso había roto el hechizo de la malvada reina.

Poco después, Blancanieves y el príncipe se casaron y expulsaron a la cruel reina de aquellas tierras. Desde entonces todos vivieron felices.

Adaptación de un cuento de los hermanos Grimm

(360 *palabras*)

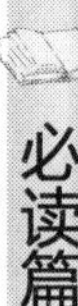

Ejercicios

I. Di si son correctas o erróneas las siguientes oraciones según el texto. En caso de ser erróneas, corrígelas oralmente:

1. (　　) La madrastra de Blancanieves era la reina y era muy cruel y malvada.
2. (　　) La reina tenía un espejo mágico que sabía de todo.
3. (　　) La reina llevó a Blancanieves a un bosque y la abandonó allí.
4. (　　) Blancanieves entró muy cansada en una casita y durmió allí.
5. (　　) Los siete enanos decidieron cuidar a Blancanieves al enterarse de su historia.
6. (　　) Al saber que Blancanieves estaba con los enanos, la reina mandó enviarle una manzana.
7. (　　) Al morder la manzana envenenada Blancanieves murió.
8. (　　) Un príncipe rescató a Blancanieves y los dos se casaron.

II. Cuestionario:

1. ¿Por qué la reina quiso matar a Blancanieves?
2. ¿Qué ocurrió entre los siete enanitos y Blancanieves?
3. ¿Te ha gustado el final de la fábula?, ¿y por qué?

16-2

TEXTO 2

LA MESA MÁGICA

Antes de leer:

1. ¿Conoces alguna fábula sobre la magia?
2. ¿Quiénes podrán tener magia?

En un lejano país vivía un mago muy anciano. Durante toda su vida había ido de pueblo en pueblo pero ahora estaba enfermo, por lo que decidió retirarse a su casa para pasar sus últimos años.

retirarse *prnl.* 退隐；退休

必读篇

El mago tenía un ayudante, un joven muy noble y fiel que lo había acompañado en sus viajes. El mago, en agradecimiento por sus servicios, le regaló una mesa. Pero no era una mesa cualquiera, era mágica.

—Esta mesa mágica es para ti —dijo el mago—. Cada vez que digas la palabra "lista", te dará todos los alimentos que necesites.

—Muchas gracias, señor —respondió el muchacho—. Haré un buen uso de ella.

El ayudante, contento por el regalo, cargó la mesa a su espalda y regresó a su pueblo para vivir con su padre.

A medio viaje decidió descansar en una posada muy humilde. Cuando el posadero vio al joven, le dijo:

—La posada está llena. Solo te puedo ofrecer un pedazo de pan para comer.

—No se preocupe —dijo el joven acordándose de la mesa que le había regalado el mago.

Cuando llegó la hora de la cena, el joven sacó la mesa y pronunció la palabra mágica "lista". La mesa mágica preparó un delicioso banquete, tan abundante, que hasta los demás huéspedes también pudieron disfrutarlo.

El posadero quedó atónito por lo que había ocurrido y pensó que la mesa mágica le serviría más a él que al joven. Así que, aprovechando que el chico se había ido a dormir, sustituyó la mesa mágica por otra parecida.

A la mañana siguiente, el joven cargó a sus espaldas la mesa y, sin darse cuenta de que no era la suya, continuó su viaje hasta el pueblo donde vivía su padre.

ayudante *m.* 助手
noble *adj.* 高尚的；优秀的

posada *f.* 客店
posadero *m.* 客店主人

Contrario a lo que se pueda pensar, la mesa falsa le siguió dando al joven los alimentos que él necesitaba, mientras que la verdadera, cuando el posadero decía la palabra "lista", en vez de un banquete, aparecía un enorme garrote que lo golpeaba en la cabeza.

Esto era porque la mesa no era mágica, sino que el mago había otorgado el poder mágico a su ayudante.

poder *m.* 能力

Adaptación de un cuento de los hermanos Grimm

(355 *palabras*)

Ejercicios

I. Pon en orden las siguientes oraciones según el texto:

1. ( ) El posadero sustituyó la mesa mágica por otra parecida.
2. ( ) El joven ayudante del mago decidió alojarse en una posada humilde.
3. ( ) Cada vez que el posadero decía la palabra "lista", aparecía un enorme garrote que lo golpeaba.
4. ( ) La mesa mágica preparó un delicioso banquete para todos los huéspedes.
5. ( ) El mago anciano decidió retirarse a su casa para pasar sus últimos años.
6. ( ) El mago regaló una mesa mágica a su ayudante noble y fiel.
7. ( ) El ayudante cargó la mesa a su espalda y emprendió el camino a su pueblo.
8. ( ) El joven siguió su camino sin darse cuenta de que la mesa era falsa.

II. Cuestionario:

1. ¿Por qué el viejo mago regaló una mesa mágica a su ayudante?
2. ¿Qué era lo que ocurrió en la posada humilde?
3. ¿Por qué la mesa falsa pudo seguir dando alimentos al joven ayudante?

LAS ESTRELLAS Y LA PRINCESA LIWAYWAY

Antes de leer:

1. ¿Son pequeñas las estrellas del cielo?
2. ¿Dan luces brillantes todas las estrellas?

Cuenta una vieja leyenda que hace muchos, muchísimos años, las cosas no eran como ahora. El cielo estaba muy cerca de la Tierra y las nubes pasaban tan bajas que se enredaban en las ramas de los árboles. Los niños pasaban el día tirándose bolas de nube que cogían con sus propias manos. Y los mayores tenían que caminar siempre agachados porque, si no, se pegaban en la cabeza con las nubes y con el cielo, y terminaban muy cansados de caminar así. Además, no había Luna ni estrellas, por lo que las noches eran tristes y oscuras.

enredarse *prnl.* 缠绕

Por aquellos tiempos vivía en un país lejano una princesa llamada Liwayway, cuyo nombre significa "amanecer". Y Liwayway tenía un hermano que se llamaba Malakás, que quiere decir "fuerte".

Una hermosa tarde, la princesa Liwayway salió a su jardín a recoger flores. Llevaba puesta una hermosa corona en la cabeza. Pero como la corona se le caía cuando se inclinaba, se la quitó y la colgó entre dos nubes. Y también colgó sus pendientes y su collar de brillantes.

pendiente *m.* 耳坠
collar *m.* 项链
brillante *m.* 钻石

La princesa continuó su labor, pero, cada vez que levantaba la cabeza, se daba un golpe contra el cielo. Entonces, muy enfadada, Liwayway llamó a su hermano Malakás:

—¡Malakás! ¡Ven un momento!

—¿Qué deseas, hermana? —le preguntó Malakás.

Y la princesa respondió:

—Malakás, no podemos seguir viviendo así. Tú eres el hombre más fuerte de todo el reino y ya es hora de que utilices tu fuerza para ayudarnos a todos. Levanta un poco el cielo. Así nunca más tendremos que andar agachados.

Malakás miró a su hermana sorprendido y se quedó pensando en sus palabras. ¿Tendría fuerza suficiente para hacerlo? Al rato, decidió intentarlo. Tomó impulso, se lanzó contra el cielo y dio un empujón tan grande que el cielo empezó a subir por los aires y continuó subiendo durante días y meses y años.

tomar impulso	助跑
empujón *m.*	推

Cuando el cielo iba elevándose, Liwayway se dio cuenta de que se había olvidado de recoger sus joyas. Pero ya era demasiado tarde. Allá arriba quedó brillando la corona. Y los brillantes de su collar y de sus pendientes se fueron esparciendo por el cielo.

Mucho más tarde, cuando la princesa Liwayway y su hermano Malakás ya no vivían, los seres humanos decidieron llamar a la corona Luna y a los brillantes, estrellas.

Leyenda filipina

(391 *palabras*)

Ejercicios

I. Di si son correctas o erróneas las siguientes oraciones según el texto. En caso de ser erróneas, corrígelas oralmente:

1. (　　) Hace muchísimos años, el cielo no estaba muy lejos de la Tierra.

2. (　　) Las nubes también se encontraban tan bajas que incluso los niños podían divertirse tirándose bolas de nube.
3. (　　) Las noches de aquel entonces eran oscuras y tristes.
4. (　　) La gente de aquella época se sentía contenta porque podía tocar el cielo con sus manos.
5. (　　) El hermano de la princesa Liwayway pidió a esta que levantara el cielo.
6. (　　) El empujón de Liwayway pudo levantar un poco del cielo.
7. (　　) La princesa llamó a la corona colgada en el cielo Luna y a los brillantes, estrellas.

II. Cuestionario:

1. ¿Podrías describir el paisaje de antes según el texto?
2. ¿Cómo se formaron el cielo, la Luna y las estrellas de ahora conforme al texto?
3. ¿Conoces otras fábulas sobre la Luna o las estrellas?

选读篇

16-4 TEXTO 4

EL MOLINILLO DE LOS ENANOS COLORADOS

En un lejano país, vivían dos hermanos. El mayor tenía grandes barcos y buenas redes. El pequeño, apenas tenía unas redes viejas.

Un día, el hermano pequeño no pescó ni un solo pez. Entonces, fue a casa de su hermano y le pidió un poco de arroz para su familia. Pero su hermano no quiso ayudarlo. De camino a casa, el hermano pequeño se encontró con un anciano de larga barba blanca.

—Eres un buen hombre. Busca a los enanos colorados y cámbiales este tarro de mermelada, que tanto les gusta, por el molinillo mágico —le dijo el anciano.

—¿Qué hace el molinillo? —preguntó el pescador.

—Si giras la manivela a la derecha, el molinillo te concederá un deseo. Cuando quieras que el molinillo pare, tendrás que decir: "Gracias molinillo, es suficiente." Después, debes girarla hacia la izquierda. Pero prométeme que jamás se lo dirás a nadie.

El joven se marchó a la tierra de los enanos colorados y se presentó ante su rey.

—Le traigo, majestad, un tarro de mermelada.

—¿Qué desea a cambio del tarro?

barba *f.* 胡须

mermelada *f.* 果酱

molinillo *m.* 小磨；手推磨

pescador *m.* 渔夫

manivela *f.* 摇把

conceder *tr.* 赐予

—El molinillo —dijo el pescador.

Feliz por haber conseguido el molinillo, volvió a su casa. Cuando llegó, le pidió al molinillo una nueva casa, un barco... El pescador se hizo rico y, como era muy generoso, pidió lo que necesitaban todos sus amigos. Un día su hermano le hizo una visita para preguntarle cómo había conseguido tanto dinero. El muchacho, recordando lo que le había dicho el anciano, no le contó nada. El hermano mayor, muerto de envidia, decidió espiarlo desde la ventana.

—Molinillo, muéleme un poco de dinero.

moler *tr.* 磨，研磨

Al día siguiente, el hermano mayor robó el molinillo y huyó muy lejos en un barco. Un día, no tenían sal en el barco y la comida estaba sosa, así que el hermano mayor le pidió al molinillo sal. Cuando tuvo bastante, le dijo:

soso *adj.* 淡的，无咸味的

—Molinillo, deja de moler.

Pero el molinillo no paraba puesto que no lo había girado hacia la izquierda.

—¡Deja ya de moler sal! —gritó enfurecido.

Y siguió gritando y gritando, mientras el molinillo molía y molía. Primero, se llenó el camarote de sal; después, la cubierta; y, por último, el barco se hundió.

camarote *m.* 舱室；寝舱

cubierta *f.* 甲板

Y, como nadie nunca giró la manivela, el molinillo sigue moliendo sal; por eso, el agua del mar es salada.

salado *adj.* 咸的

(388 *palabras*)

16-5 TEXTO 5

LIPUNIUSHKA

Érase una vez un viejo y una vieja que no tenían hijos. El viejo se fue a arar el campo mientras la vieja se quedaba en casa preparando hojuelas.

hojuela *f.* 薄饼

Cuando hubo terminado de prepararlas, la vieja se dijo:

—Si tuviéramos un hijo, ahora podría llevar las hojuelas a su padre… mientras que ahora no hay nadie que pueda hacerlo.

De repente, de un trozo de algodón que había en el suelo surgió un niño que le dijo:

—¡Buenos días, madrecita!

—¿De dónde sales, hijito? ¿Y cómo te llamas?

—He nacido en el pedazo de algodón y me llamo Lipuniushka. Dame las hojuelas y se las llevaré a padrecito.

Pero la vieja le contestó:

—¿Acaso tendrás fuerza para llevarlas?

—Sí que tendré —dijo Lipuniushka.

La vieja envolvió las hojuelas en un pañuelo y se lo dio a su nuevo hijito. Lipuniushka lo cogió y salió corriendo hacia el campo.

En el campo tropezó con un terrón y gritó:

terrón *m.* 土块，土坷垃

—¡Padrecito! ¡Padrecito! ¡Ayúdame a saltar por encima de este terrón. Te traigo hojuelas!

El viejo oyó que alguien lo llamaba. Fue hacia donde se oía la voz y al llegar al terrón, le preguntó:

—¿De dónde sales, hijito?

Y el niño le contestó:

—He nacido de un pedazo de algodón que había en tu casa —y le entregó las hojuelas.

El viejo empezó a comerlas y entonces el niño le dijo:

—Déjame arar tu campo.

El viejo le contestó:

—No tendrás bastante fuerza para hacerlo.

Pero Lipuniushka cogió el arado y empezó a trabajar. Mientras trabajaba iba cantando.

Pasó una carroza cerca de allí y el señor que iba dentro vio al viejo sentado, comiendo, y a su caballo que araba solo, salió de la carroza y preguntó al viejo:

carroza *f.* 四轮马车

—¿Cómo es que tu caballo está arando solo?

El viejo le contestó:

—Es un niño el que está arando y es él quien canta.

El señor se acercó más al caballo, oyó la canción y vio al chiquillo.

—¡Viejo! ¡Véndeme a este niño!

—No. No puedo venderlo. No tengo otro.

Al oír esto, Lipuniushka dijo al viejo:

—Véndeme, padrecito. Yo huiré después.

El viejo lo vendió por cien rublos.

rublo *m.* 卢布

El señor pagó los cien rublos, envolvió al chiquillo en un pañuelo y se lo puso en el bolsillo. Cuando llegó a su casa le dijo a su esposa:

—Te traigo una sorpresa.

—Enséñamela —dijo la esposa—. ¿A ver qué es?

El señor sacó del bolsillo el pañuelo en el que había envuelto a Lipuniushka, pero allí no había nada: hacía tiempo que Lipuniushka se había escapado para volver con su padrecito.

Cuento de Liev Nikoláievich Tolstói

(429 *palabras*)

UNIDAD 17

HÁBITOS Y CULTURAS

17-0

Dichos y refranes

Un vecino cercano es mejor que un pariente lejano.

——远亲不如近邻。

No hay tiempo como el presente.

——机不可失。

No todo lo que brilla es oro.

——会发光的并非都是金子。

No dejes para mañana lo que puedas hacer hoy.

——今日事情今日做；我生待明日，万事成蹉跎。

Nadie sabe lo que vale el agua hasta que falta.

——失去方知珍惜；身在福中不知福。

17-1

LOS JÓVENES EN CASA

Antes de leer:

1. ¿Conoces a algún jóven español o hispanoamericano?
2. ¿Qué harían los jóvenes en casa?

¿Por qué los hijos adultos prefieren vivir en casa de los padres a tener un hogar independiente? Son muchas las causas de este fenómeno.

En primer lugar, es cierto que los sueldos generales de la clase media han aumentado mucho y esto ha hecho desaparecer la necesidad de que los hijos salgan a ganarse el pan y ayudar así a la economía familiar.

sueldo *m.* 工资
clase media 中产阶级

Por otra parte, como resultado del mencionado aumento, los hogares se han vuelto más cómodos y grandes. Esto también se debe al hecho de que, desde hace algunos años, se ha reducido el número de hijos por familia y ha aumentado el número de ancianos que viven en residencias.

Por último, se han perdido los grandes ideales que hacían a los jóvenes abandonar la casa.

ideal *m.* 理想；信念

Y los padres, ¿qué hacen? ¿aceptan la situación o la objetan? Si los padres no están de acuerdo con ello, hay que pensar mucho. Si ustedes, padres, han logrado librarse de los hijos, no se apresuren a sentirse contentos porque ya saben lo

objetar *tr.* 反对，持异议

que pasará cuando nazca el nieto.

Es posible que la nuera diga a su marido: "Si tu madre se queda con el niño, volveré a trabajar", pues la pasión baja y los pagos suben. Si aceptan la idea, estarán perdidos los padres. Cuidar al nieto solo será el comienzo. Ahora que el niño está bien atendido y que sus papás no quieren estar sin verlo, lo mejor es que vayan a comer a casa de los abuelos —total, donde comen tres comen cinco—, y así se ahorrará la asistenta. E incluso pueden llegar a pensar que se puede ahorrar la casa si esta es para ir solo a dormir.

En esto, para los padres será difícil deshacerse de los hijos.

deshacerse (de) *prnl.* 摆脱

(297 *palabras*)

Ejercicios

I. Di si son correctas o erróneas las siguientes oraciones según el texto. En caso de ser erróneas, corrígelas oralmente:

1. ( ) La causa de que los jóvenes prefieran quedarse en casa de los padres es única y sencilla.
2. ( ) Antes los jóvenes españoles tenían que ayudar a la economía familiar.
3. ( ) Desde hace muchos años se ha reducido el número de ancianos en las familias españolas.
4. ( ) La nuera prefería vivir con los suegros porque podría dejar el niño al cuidado de los abuelos.
5. ( ) Los padres que logran librarse de sus hijos tendrán una vida mejor.
6. ( ) Será muy difícil deshacerse de los hijos adultos en realidad.

II. Cuestionario:

1. ¿Por qué muchos jóvenes prefieren vivir en casa de los padres?
2. ¿Cuáles son las causas de ese fenómeno?
3. ¿Preferías tener una vida independiente a vivir en casa de los padres cuando te cases?

¿SE PUEDE O NO SE PUEDE?

Antes de leer:

1. ¿Te interesa conocer otras culturas?
2. ¿Tienes algún conocimiento de la cultura española?

En cada cultura, en cada país, hay cosas que están permitidas y otras que no lo están. Eso significa que existen ciertas normas que se tienen que respetar en toda la sociedad. En España, por ejemplo, no se puede preguntar a un hombre cuánto gana. Es una pregunta que solo se hace entre amigos de mucha confianza. Tampoco se puede preguntar la edad a las mujeres, sobre todo si tienen más de veinticinco años.

En los bares, cuando se toma una cerveza o un café con amigos, no se puede pagar solo nuestra consumición. Se debe pagar lo que han tomado todos. Otro día, pagarán los otros. El horario de los españoles es muy diferente del de otros pueblos. Se puede comer y cenar hasta muy tarde en los restaurantes. Pero por la noche, no se puede llamar por teléfono a casa de los amigos después de las diez o diez y media. Naturalmente, se puede hacerlo a esas horas si es algo urgente.

cerveza *f.* 啤酒

consumición *f.* 消费

Cuando un amigo te invita a comer o a cenar a su casa, puedes llevarle vino, champán o alguna otra cosa, pero eso no es obligatorio. Sin embargo, si vamos a casa de personas con las que mantenemos una relación formal, debemos llevar algo: un buen vino, un champán de calidad o un ramo de flores para la señora.

champán *m.* 香槟酒

obligatorio *adj.* 必须的

ramo *m.* 束（花）

Cuando alguien explica algo, por ejemplo, algún dolor,

un problema, una buena noticia, la persona que escucha no debe permanecer callada. Tiene que decir algo como: "¡Qué lástima!" "¡Qué bien!", etc. Igualmente, cuando alguien nos enseña su casa, su coche, un vestido nuevo o una foto de su familia, no se puede quedar callado tampoco. Es necesario elogiar lo que vemos. Pero, cuando nosotros enseñamos algo a alguien, y nos dicen que es muy bonito o algo parecido, no podemos contestar que sí. Es necesario decir: "¿Sí?" "¿Te gusta?" o alguna otra expresión para quitarle importancia.

(326 *palabras*)

Ejercicios

I. Elige las opciones más adecuadas que corresponden a cada caso:

1. Lo que se puede hacer ( )
2. Lo que no se puede hacer ( )

a. preguntar a un hombre por su sueldo.
b. elogiar las cosas que te enseñan los amigos.
c. llamar por teléfono a la casa de los amigos después de las diez.
d. pagar lo que han consumido todos en el bar.
e. llevar vino, champán o un ramo de flores al visitar la casa de amigos.
f. preguntar la edad de las mujeres mayores de 25 años.
g. respetar las diferentes culturas.
h. permanecer callado ante el dolor o las quejas de los demás.

II. Cuestionario:

1. ¿Podrías hablar de lo que se puede o no se puede hacer en España o en países hispanoamericanos además de lo mencionado en el texto?
2. ¿Podrías poner algunos ejemplos sobre lo que no se puede hacer en China?
3. Trata de hacer una comparación entre España y China en estos aspectos.

17-3 TEXTO 3

LOS *DESCHAQUETADOS*

Antes de leer:

1. ¿Cómo entiendes la palabra *deschaquetado*?
2. ¿Has visto *deschaquetados* en China?

Sé que la palabra *deschaquetado* no se encuentra en el diccionario, y sé que por ello voy a recibir duras críticas de los que insisten en la pureza del lenguaje. Pero si se llama descamisado al que va sin camisa, parece que también se puede usar el vocablo *deschaquetados* para los que van sin chaqueta. De todas maneras, siempre me ha parecido bonito crear nuevas palabras.

Los sabios de nuestra lengua llegarán a aceptar esta nueva palabra, debido a lo mucho que se ha extendido en España esta fea costumbre de quitarse la chaqueta. Obsérvenlo en cualquier restaurante; incluso en alguno considerado de lujo.

Un hombre en camisa me parece horrible, sobre todo si se sube las mangas de la camisa. Me refiero, como es natural, a los que se quitan la chaqueta cuando no llevan camisas de verano y de manga corta, sino las camisas pensadas para llevar con corbata. Ocurre que, además de feo, quitarse la chaqueta había sido siempre una falta de educación, especialmente cuando se hacía en lugares públicos.

En los días calurosos de verano este acto todavía tiene cierta razón, pero ahora en invierno, cuando las temperaturas bajan demasiados grados, eso de quedarse en camisa constituye una moda que no acepto con todas mis fuerzas. Insisto: por

pureza *f.* 纯洁，纯洁性

descamisado *adj.* 没穿衬衣的

manga *f.* 袖子

corbata *f.* 领带

moda *f.* 时髦

antiestética y por maleducada.

antiestético *adj.* 不美观的

Sin embargo, la costumbre se ha extendido de forma increíble. No solo en las calles, en los parques, en las tiendas y en las oficinas de los correos; también en los aviones, en las oficinas, en las ventanillas de los bancos y en todas partes. ¿Se trata de una manera de mostrar su cuerpo bien formado? Hay que pensar que no, ya que la mayoría de los *deschaquetados* son más bien personas poco altas, de modo que, con la chaqueta puesta, podrían disimular sus hombros caídos y su mala apariencia física.

disimular *tr.* 掩饰，掩盖

Desgraciadamente, vivimos en un tiempo en que se han perdido las formas. Estoy en contra, pues, de la mala costumbre de *deschaquetarse*. La verdad, está feo. ¿O es que me estoy haciendo viejo?

(339 *palabras*)

Ejercicios

I. Di si son correctas o erróneas las siguientes oraciones según el texto. En caso de ser erróneas, corrígelas oralmente:

1. (　　) La palabra *deschaquetado* es un vocablo inventado por el autor.
2. (　　) Solo en los restaurantes de lujo uno podrá quitarse la chaqueta.
3. (　　) Según el autor, si uno se sube las mangas de la camisa en verano, eso podrá ser aceptable.
4. (　　) Según el autor, en verano uno podrá vestirse de camisa de mangas cortas y quitarse la chaqueta.
5. (　　) Quedarse en camisa se ha convertido realmente en moda en España.
6. (　　) Quitarse la chaqueta significa una falta de educación, sobre todo en lugares públicos.
7. (　　) El autor reconoce que se está haciendo viejo, por eso mantiene unas ideas anticuadas.

II. Cuestionario:

1. ¿Puedes percibir el tono irónico del autor al referirse a los *deschaquetados*?
2. ¿Por qué el autor está en contra del hábito de los *deschaquetados*?
3. Trata de imaginar la edad del autor y la educación que habrá recibido y explica tus razones.

17-4

CELEBRACIÓN DE LA AMISTAD

Juan Gelman me contó que una señora se había batido a paraguazos, en una avenida de París, contra todo un equipo de obreros municipales. Los obreros estaban cazando palomas cuando ella emergió de un increíble Ford, un coche de museo, de aquellos que arrancaban a manivela; y blandiendo su paraguas, se lanzó al ataque.

A mandobles se abrió paso, y su paraguas justiciero rompió las redes donde las palomas habían sido atrapadas. Entonces, mientras las palomas huían en alboroto, la señora emprendió a paraguazos contra los obreros.

Los obreros no atinaron más que a protegerse, como pudieron, con los brazos, y balbuceando protestas que ella no oía: ... más respeto, señora, haga el favor, estamos trabajando, son órdenes superiores, señora, por qué no le pega al alcalde, cálmese, señora, qué bicho la picó, se ha vuelto loca esta mujer…

Cuando a la indignada señora se le cansó el brazo, y se apoyó en una pared para tomar aliento, los obreros exigieron una explicación.

Después de un largo silencio, ella dijo:

—Mi hijo murió.

Los obreros dijeron que lo lamentaban mucho, pero que

batirse *prnl.*	格斗，决斗
a paraguazo	用伞打
avenida *f.*	街道
emerger *intr.*	钻出；出现
blandir *tr.*	挥动
a mandoble	猛刺，狠劈
justiciero *adj.*	主持正义的
alboroto *m.*	混乱
atinar *intr.*	做得正确
protesta *f.*	不满，抱怨
picar *tr.*	扎，刺
apoyarse *prnl.*	倚，靠
tomar aliento	缓口气

ellos no tenían la culpa. También dijeron que esa mañana había mucho que hacer, usted comprenda…

—Mi hijo murió —repitió ella.

Y los obreros: que sí, que sí, pero que ellos se estaban ganando el pan, que hay millones de palomas sueltas por todo París, que las jodidas palomas son la ruina de esa ciudad…

—Cretinos —los fulminó la señora.

Y lejos de los obreros, lejos de todo, dijo:

—Mi hijo murió y se convirtió en paloma.

Los obreros callaron y estuvieron un largo rato pensando. Y por fin, señalando a las palomas que andaban por los cielos y los tejados y las aceras, propusieron:

—Señora: ¿por qué no se lleva a su hijo y nos deja trabajar en paz?

Ella se enderezó el sombrero negro:

—¡Ah, no! ¡Eso sí que no!

Miró a través de los obreros, como si fueran de vidrio, y muy serenamente dijo:

—Yo no sé cuál paloma es mi hijo. Y si supiera, tampoco me lo llevaría. Porque, ¿qué derecho tengo yo a separarlo de sus amigos?

(359 *palabras*)

suelto *adj.* 无约束的；散开的

jodido *adj.* 该死的

cretino *m.* 笨蛋，蠢货

fulminar *tr.* 恶语伤人；（瞪眼）使屈服

acera *f.* 人行道

enderezarse *prnl.* 扶直；整理（衣帽）

vidrio *m.* 玻璃

serenamente *adv.* 冷静地

derecho *m.* 权力

选读篇

CULTURA DE PAZ Y EDUCACIÓN

"Si quieres la paz, prepara la guerra." Este adagio ha tenido un efecto maléfico a lo largo de la historia. Representa la ley del más fuerte, basada en la imposición de los poderosos sobre los más débiles. Si se prepara la guerra, llegará el día en que se haga la guerra, porque no nos hemos preparado para la paz. El precio pagado por la cultura de la guerra y la violencia en el siglo que ahora termina es espantoso. Millones de personas —con frecuencia los que menos habían disfrutado de los periodos apacibles— murieron. Tenemos el deber de apreciar cada día la paz y fruto de la justicia y del progreso de los pueblos.

- adagio *m.* 格言
- maléfico *adj.* 有害的
- imposición *f.* 强加
- apacible *adj.* 平静的，宁静的
- apreciar *tr.* 重视

"Si quieres la paz, constrúyela." La cultura de paz consiste en asumir el compromiso cotidiano de comportarnos pacíficamente. Se trata de una transformación cultural que debe llevarse a cabo en todos y con la cooperación de todos.

- asumir *tr.* 担负起
- compromiso *m.* 责任；承诺
- transformación *f.* 转变，变化
- cooperación *f.* 协作

La cultura de paz es la cultura de compartir mejor. Las disparidades sociales y las diferencias en la distribución de las riquezas solo pueden reducirse y anularse compartiendo mejor. El verbo compartir es la clave de una nueva era en la que deben establecerse nuevas prioridades y repartir mejor los frutos del progreso. Internacionalmente, el hecho de que el 18% de la humanidad posea el 80% de los recursos es no solo una grave injusticia, sino la raíz de los conflictos.

- disparidad *f.* 不同，不一致
- distribución *f.* 分配
- riqueza *f.* 财富
- anular *tr.* 消除
- era *f.* 时代
- prioridad *f.* 优先；紧迫事物
- raíz *f.* 根源
- conflicto *m.* 矛盾；冲突

Es por la educación —educación para todos, a lo largo de toda la vida— por la que se aprende a saber, a hacer, a ser, a convivir y a compartir. Es por la educación por la que se adquiere el propio discernimiento, con el que se decide sin influencias externas y se alcanza la "soberanía personal". Ser uno mismo. Andrés Bello① exhortaba así a la juventud: "Aprended a juzgar por vosotros mismos; aspirad a la independencia de pensamiento."

adquirir *tr.*	获得
discernimiento *m.*	分辨力
influencia *f.*	影响
exhortar *tr.*	规劝；劝导
juzgar *tr.*	判断
aspirar (a) *intr.*	追求

La paz, el desarrollo y la democracia se construyen con la educación. No con la fuerza. Se consiguen con el esfuerzo cotidiano de cada uno. No se otorgan. "La educación es la base de la libertad", proclamó Simón Bolívar② . Por medio de la educación, se consiguen el desarrollo económico y social sostenible, el respeto a todos los derechos humanos, la comprensión, la tolerancia y la solidaridad y la igualdad entre mujeres y hombres.

democracia *f.*	民主
proclamar *tr.*	表明；宣布
sostenible *adj.*	可持续的
tolerancia *f.*	宽容
solidaridad *f.*	团结一致

(384 *palabras*)

① Andrés Bello (1781—1865), filósofo, poeta, ensayista y político venezolano-chileno de la época pre-republicana de la Capitanía General de Venezuela; considerado como uno de los humanistas más importantes de América.

② Simón Bolívar (1783—1830), militar y político venezolano de la época pre-republicana de la Capitanía General de Venezuela; fundador de la Gran Colombia y una de las figuras más destacadas de la emancipación americana frente al Imperio español.

BÉSAME MUCHO

18-0 

Bésame, ... bésame mucho,
como si fuera esta noche
la última vez.

Bésame, ... bésame mucho,
que tengo miedo a perderte,
perderte después.

Quiero tenerte muy cerca,
mirarme en tus ojos,
verte junto a mí.

Piensa que tal vez mañana,
yo ya estaré lejos,
muy lejos de ti.

Bésame, ... bésame mucho ...

Consuelito Velázquez[①]

UNIDAD 18

POESÍA (II)

① Consuelito Velázquez (1916—2005), pianista y compositora mexicana.

EL ARROYO

Antes de leer:

1. ¿Has visto algún arroyo que viene de la montaña?
2. ¿Es tranquilo y bello el arroyo?

Este arroyo que me mira
con inocencia de pájaro
tiene los ojos azules
del horizonte serrano.

Por ellos habla la tierra
y el árbol está soñando;
por ellos oigo la queja
del firmamento estrellado.

Como el corazón herido
por un dolor sin descanso,
canta porque está muriendo,
muere porque está cantando.

Mitad sonora presencia
y mitad sueño lejano,
este arroyo es nuestra vida,
repartida en piedra y canto.

Francisco Luis Bernárdez①

(70 *palabras*)

inocencia *f.*	天真；单纯
horizonte *m.*	地平线；视野
serrano *adj.*	山区的
queja *f.*	抱怨；牢骚
firmamento *m.*	苍穹
estrellado *adj.*	布满星辰的
sonoro *adj.*	回响的；悦耳的

① Francisco Luis Bernárdez (1900—1978), poeta y diplomático argentino.

Ejercicios

I. Di si son correctas o erróneas las siguientes oraciones según el texto. En caso de ser erróneas, corrígelas oralmente:

1. (　　) El arroyo mira al poeta, quien tiene una inocencia de pájaro.
2. (　　) El pájaro tiene los ojos azules del horizonte serrano.
3. (　　) La tierra habla por los ojos azules.
4. (　　) El poeta puede oír la queja del firmamento estrellado a través de los ojos azules.
5. (　　) El arroyo canta porque está muriendo por un dolor sin descanso.
6. (　　) El arroyo es como nuestra vida, repartida entre la dureza y la felicidad.

II. Cuestionario:

1. ¿Tendrá el arroyo ojos azules? ¿A qué se referirían los ojos azules?
2. ¿Qué era lo que quería expresar el poeta a través de la figura del arroyo?
3. ¿Por qué el poeta utiliza el arroyo para indicar la vida humana?
4. ¿Cuáles serán los sentimientos del poeta manifestados en ese poema?

EL SOLDADITO

Antes de leer:

1. ¿Es horrible la guerra?
2. ¿Qué hacen los soldados en la guerra?

—Soldadito, soldadito,
¿de dónde ha venido usted?
—De la guerra, señorita.
¿Qué se le ha ofrecido a usted?
—¿Ha visto usted a mi marido
en la guerra alguna vez?

—No, señora, no lo he visto,
ni sé las señas de él.
—Mi marido es alto, rubio,
alto, rubio, aragonés
y en la punta de la espada
lleva un pañuelo holandés;
se lo bordé siendo niña,
siendo niña lo bordé,
otro que le estoy bordando
y otro que le bordaré.
—Por las señas que me ha dado,
su marido muerto es;
lo llevan a Zaragoza
a casa de un coronel.
—Siete años he esperado,
otros siete esperaré.
Si a los catorce no viene,
monjita me meteré.
—Calla, calla, Isabelita.
Calla, calla, Isabel.
Yo soy tu querido esposo;
tú, mi querida mujer.

Poema tradicional español

(132 *palabras*)

seña *f.* 特征

aragonés *adj.s.* 阿拉贡的；阿拉贡人

holandés *adj.s.* 荷兰的；荷兰人

coronel *m.* 上校

monjita *f.* 修女

Ejercicios

I. Di si son correctas o erróneas las siguientes oraciones según el texto. En caso de ser erróneas, corrígelas oralmente:

1. (　　) El soldadito viene de una guerra y se encuentra con una señorita.
2. (　　) El marido de la señorita es un holandés alto y rubio.

3. (　　) Siendo niña la señorita le había bordado un pañuelo holandés a su novio.
4. (　　) La señorita ha dejado de bordar y también ha dejado de esperar a su marido.
5. (　　) Según el soldadito, el marido de la señorita debería de haber muerto en la guerra.
6. (　　) La señorita estará dispuesta a casarse con otra gente al saber que su marido ha muerto en la guerra.
7. (　　) En realidad, el mismo soldadito es el marido de la señorita y los dos tienen un feliz encuentro.

II. Cuestionario:

1. ¿Qué tono has percibido en este poema?
2. ¿Te quedas impresionado al leer el poema?
3. ¿Qué opinas sobre la guerra?

UN CUENTO DE MAR

Antes de leer:
1. ¿Qué color tiene el mar?
2. ¿Es triste el mar?

Allá en una isla
del mar de la Trola,
vivía una princesa
muy triste y muy sola.

Suspiraba llena
de melancolía,
pensando en que alguien
la salvara un día.

trola *f.*	谎言，谎话
melancolía *f.*	忧郁，悲伤

Una cierta tarde,
cuando paseaba,
ve un barco a lo lejos,
que a ella se acercaba.

Era el rey de Jauja
con un galeón,
de seda las velas
y de oro el timón.

Jauja *f.*	奇妙的国度
galeón *m.*	大帆船
timón *m.*	舵

—Bella princesita,
mi reino te doy.
Y ella le contesta:
—¡Con usted no voy!

Pasaron mil fechas
en el calendario,
y un día en el yate
llega un millonario.

yate *m.*	游艇
millonario *m.*	百万富翁

En el banco tiene
millones a cientos
y en la Costa Azul,
cien apartamentos.

Dice a la princesa:
—¡Yo el mundo te doy!
Y ella le responde:
—¡Pues aquí me estoy!

Más días pasaron
—tal vez años fueron—

y llegó a la playa
un viejo velero.

Lo manda un pirata
que no tiene nada:
el día y la noche
y la mar salada...

—Como soy tan pobre,
yo nada te doy.
—¡Pues por ser tan pobre,
contigo me voy!

Y juntos se fueron
en aquel bajel,
por los siete mares
de luna de miel.

Y aquí acaba el cuento
del mar de la Trola
y de una princesa
que estaba muy sola.

Carlos Reviejo①

(207 *palabras*)

velero *m.*	帆船
bajel *m.*	小船
luna de miel	蜜月

Ejercicios

I. Di si son correctas o erróneas las siguientes oraciones según el texto. En caso de ser erróneas, corrígelas oralmente:

1. (　　) La princesa vivía felizmente en una isla que se llamaba Trola.

① Carlos Reviejo (1942—), escritor español especializado en literatura infantil.

2. (   ) La isla se encontraba muy aislada y nadie la visitaba.
3. (   ) El rey de Jauja quería darle a la princesa la mitad de su reino para que ella se fuera con él.
4. (   ) Otro millonario pedía la mano a la princesa a cambio de todo el mundo.
5. (   ) Sin embargo, a la princesa no le importaban ni el poder ni la riqueza.
6. (   ) Los días pasaban y la princesa seguía sola en su isla.
7. (   ) Finalmente la princesa se fue con un pirata pobre que no tenía nada que darle.
8. (   ) Lo que aspiraba la princesa era la libertad antes que nada.

II. Cuestionario:

1. ¿Quiénes habían pedido la mano a la princesa y de qué manera?
2. ¿Qué hacía la princesa ante los aspirantes poderosos o millonarios?
3. ¿Por qué al final se fue la princesa con un pirata pobre?
4. Trata de reconstruir algunos párrafos del poema con el orden normal de la prosa.

选读篇

18-4 TEXTO 4

CANCIÓN DEL PIRATA
(Fragmento)

Con diez cañones por banda,
viento en popa a toda vela,
no corta el mar, sino vuela
un velero bergantín:
bajel pirata que llaman
por su bravura El Temido,
en todo mar conocido
del uno al otro confín.

La luna en el mar riela,
en la lona gime el viento,
y alza en blando movimiento
olas de plata y azul;
y ve el capitán pirata,
cantando alegre en la popa,
Asia a un lado, al otro Europa
y allá a su frente Estambul.

Navega, velero mío,
sin temor,
que ni enemigo navío,
ni tormenta, ni bonanza
tu rumbo a torcer alcanza,

fragmento *m.*	片段
banda *f.*	群，帮，伙
viento en popa	一帆风顺
bergantín *m.*	双桅帆船
bravura *f.*	勇敢；凶猛
confín *m.*	地平线，天际
rielar *intr.*	反射
lona *f.*	帆布
gemir *intr.*	呜呜叫
popa *f.*	船尾
Estambul	伊斯坦布尔
navío *m.*	船；舰
bonanza *f.*	风平浪静
torcer *tr.*	改变方向

ni a sujetar tu valor.

Veinte presas
hemos hecho
a despecho
del inglés,
y han rendido
sus pendones
cien naciones
a mis pies.

Que es mi barco mi tesoro,
que es mi Dios la libertad,
mi ley la fuerza y el viento,
mi única patria la mar.

José de Espronceda[1]

(152 *palabras*)

sujetar *tr.* 束缚

a despecho 无视；不顾

rendir *tr.* 交出

pendón *m.* 旗，幡

SUPERMERCADO EN ANIMALANDIA

Cargada va la jirafa
con una buena garrafa.

Viuda y triste se ha quedado
y va a vender al mercado.

—¡Vendo el churrito caliente

garrafa *f.* 细颈大玻璃瓶

churrito *m.* 油条

① José de Espronceda (1808—1842), célebre escritor de la época del Romanticismo, considerado como el más destacado poeta romántico español.

y el vasito de aguardiente!

El parroquiano Elefante
lleva una trompa constante.

Caracol —junto a la pila—
de su casa un piso alquila.

Doña Tortuga y don Oso
venden queso mantecoso.

—Quesitos y requesones,
especial para ratones—.

La simpática lechuza
vende la fresca merluza.

La vaca vende morcilla,
doña Cerda mantequilla.

Y está vendiendo don Gato
el rico "foa-gras" de pato.

Doña Foca y don Pingüino
venden el helado fino.

Dos búhos que son poetas,
venden cuentos y cometas.

Y lo mejor del mercado
es que todo es regalado.

(119 *palabras*)

aguardiente *m.* 白酒

parroquiano *m.* 老主顾

trompa *f.* 象鼻；大鼻子

pila *f.* 水池

alquilar *tr.* 出租

mantecoso *adj.* 多脂肪的；油腻的

requesón *m.* 鲜奶酪

merluza *f.* 鳕鱼

morcilla *f.* 血肠

búho *m.* 雕鸮

UNIDAD 19

EL CUERPO HUMANO Y LA SALUD (II)

19-0

Trabalenguas

Quiero y no quiero querer
a quien no queriendo quiero.
He querido sin querer
y estoy sin querer queriendo.
Si por mucho que te quiero,
quieres que te quiera más,
te quiero más que me quieres
¿qué más quieres? ¿quieres más?

必读篇

19-1

TEXTO 1 MIGUEL SERVET DESCUBRIÓ LA CIRCULACIÓN DE LA SANGRE

Antes de leer:

1. ¿Sabes cómo circula la sangre?
2. ¿Conoces otros científicos españoles?

Hoy todo el mundo sabe que la sangre circula por nuestro cuerpo, pero no siempre fue así. "La sangre corre por nuestras venas" es una expresión popular. En otros tiempos se creía que los cuatro litros y medio de sangre que tenemos estaban encerrados en nuestras venas, como puede estar el agua en una botella.

Fue un español, Miguel Servet, quien descubrió que la sangre circula dentro de las venas, pasando desde el corazón a los pulmones, después por todo el cuerpo.

Miguel Servet fue un filósofo y hombre de ciencia de la época del Renacimiento. Nació en la provincia de Aragón, España, en el año 1511. Estudió medicina y teología en Zaragoza, Toulouse[1] y París. En París principalmente estudió la medicina y, de la medicina, la anatomía.

Una gran revolución se produjo en aquella época en el desarrollo de las ciencias. Los científicos estudiaban los

vena *f.* 静脉

Renacimiento *m.* 文艺复兴

teología *f.* 神学

anatomía *f.* 解剖学

① 图卢兹，法国南部城市。

fenómenos de la naturaleza, buscando nuevos caminos para explicarlos y tratando de hacerlo de acuerdo con la razón. Entre otras ciencias se desarrollaba también la medicina. Se empezaba a estudiar el cuerpo humano que hasta entonces nadie se atrevía a hacer porque lo prohibía la religión.

prohibir *tr.* 禁止

Todo esto se realizaba en medio de una larga lucha contra las ideas antiguas, y Servet sufrió muchos ataques por sus trabajos científicos en la Facultad de Medicina de París, y tuvo que marcharse de Francia en 1540.

Miguel Servet también luchaba contra los teólogos y defendía las nuevas ideas de la Reforma. Fue perseguido y condenado en España a ser quemado vivo por la Inquisición, pero entonces se encontraba en el extranjero con otros españoles y se salvó. Primeramente él apoyó las ideas de Calvino①, pero después luchó contra ellas, porque veía que estas ideas solo servían para engañar al pueblo igual que otras religiones. Calvino acusó a Servet de hereje y ordenó que lo quemasen vivo en Ginebra② el 27 de octubre de 1553.

Reforma *f.* 宗教改革运动
condenar *tr.* 判决
Inquisición *f.* 宗教裁判所

hereje *m.f.* 异教徒

Así murió el sabio español Miguel Servet, que tanto hizo para el desarrollo de la ciencia.

(343 *palabras*)

Ejercicios

I. Pon en orden las siguientes oraciones según el texto:

1. (   ) La gente desconocía la circulación de la sangre.
2. (   ) Miguel Servet fue perseguido y condenado en España a ser quemado vivo por la Inquisición.

① Juan Calvino (1509—1564), teólogo francés, considerado uno de los padres de la Reforma Protestante.
② 日内瓦，瑞士西南部城市。

3. (　　) Miguel Servet se vio obligado a irse de Francia.
4. (　　) Miguel Servet luchaba contra los teólogos y defendía las nuevas ideas de la Reforma.
5. (　　) Un filósofo español descubrió que la sangre corría por las venas.
6. (　　) Una vez planteada la teoría, Miguel Servet sufrió muchos ataques.

II. Cuestionario:

1. ¿Cuáles son los dos criterios diferentes sobre la sangre según el texto?
2. ¿Qué revolución se produjo en la época de Renacimiento?
3. ¿Por qué Miguel Servet sufrió muchos ataques por su teoría planteada?

CURACIÓN

Antes de leer:

1. ¿Qué es una bacteria?
2. ¿Has tomado alguna vez penicilina?

En 1928, un investigador llamado Alexander Fleming[①] hizo un increíble descubrimiento completamente por accidente. Estaba estudiando las bacterias, tratando de averiguar qué las podría matar. Un día, antes de salir de vacaciones, embarró un poco de bacterias en agar, una especie de gelatina que las bacterias podían comer, y olvidó cubrir su experimento. Mientras él estaba fuera, una espora de un moho llamado penicillium entró por la ventana y cayó en el experimento.

Dos semanas más tarde, Fleming vio que las bacterias se habían esparcido por todo el agar, excepto en donde se había formado el moho. Descubrió que ese moho podía matar a las

investigador *m.*	研究者
por accidente	偶然地
bacteria *f.*	细菌
embarrar *tr.*	涂，抹
agar *m.*	琼脂培养基
gelatina *f.*	明胶，动物胶
experimento *m.*	实验
espora *f.*	孢子
moho *m.*	霉，霉菌
penicillium *m.*	青霉菌（盘尼西林）

① Alexander Fleming (1881—1955), científico escocés.

bacterias. Mediante más experimentos, descubrió la sustancia letal que producía el moho. Le llamó al primer destructor de bacterias, o antibiótico, penicilina.

Pasaron varios años hasta que otros dos científicos, llamados Howard Florey① y Ernst Chain②, hicieron más experimentos que mostraron lo importante que podía ser la penicilina. Finalmente, cerca de 1941, los doctores tenían una medicina para tratar la neumonía bacteriana, la difteria, la escarlatina y otras enfermedades bacterianas que habían matado a mucha gente. La penicilina también salvó la vida de muchos soldados heridos en batalla durante la Segunda Guerra Mundial.

¿Cómo hacer que una bacteria se enferme?

Cuando las bacterias se enfrentan al moho penicillium y se lo tratan de comer, el moho hace lo que haría cualquier criatura: defenderse. Produce una especie de veneno que la gente llama penicilina y que usa como antibiótico. Si tienes una infección bacteriana, tu doctor te puede recetar penicilina para matar a la bacteria que está dentro de ti, sin dañar ninguna de tus células sanas.

Los investigadores han descubierto y desarrollado también otros antibióticos. Algunos de estos no matan a las bacterias, sino que evitan que crezcan y se reproduzcan, lo que permite que tu cuerpo las pueda destruir.

(310 *palabras*)

sustancia *f.* 物质

letal *adj.* 致命的，致死的

antibiótico *m.* 抗生素

penicilina *f.* 青霉素（盘尼西林）

neumonía *f.* 肺炎

difteria *f.* 白喉

escarlatina *f.* 猩红热

criatura *f.* 动物

veneno *m.* 毒物，毒药

infección *f.* 感染

célula *f.* 细胞

① Howard Florey (1898—1968), farmacólogo (药理学家) australiano.

② Ernst Chain (1906—1979), bioquímico (生物化学家) galardonado con el Premio Nobel en Fisiología y Medicina.

Ejercicios

I. Di si son correctas o erróneas las siguientes oraciones según el texto. En caso de ser erróneas, corrígelas oralmente:

1. ( ) La penicilina fue descubierta por casualidad por un investigador.
2. ( ) Cuando el investigador estaba fuera, una espora de un moho llamado penicillium cayó en su experimento.
3. ( ) El investigador descubrió que el moho penicillium podía matar a las bacterias.
4. ( ) Finalmente se descubrió la sustancia letal que producía el moho, y llamaron al primer antibiótico penicilina.
5. ( ) Se produjo pronto una medicina contra muchas enfermedades después del descubrimiento de penicilina.
6. ( ) La penicilina podría dañar las células sanas.
7. ( ) Algunos de los antibióticos ya no matan las bacterias, sino evitan que crezcan y se reproduzcan.

II. Cuestionario:

1. ¿Cómo se descubrió la penicilina y quiénes la descubrieron?
2. ¿Qué importancia tiene el descubrimiento de la penicilina?
3. ¿Cómo mata a las bacterias la penicilina?

19-3

TEXTO 3

PARA CUIDAR NUESTRA SALUD

Antes de leer:

1. ¿Qué significa para uno contar con buena salud?
2. ¿Conoces los órganos del cuerpo?

Los pulmones y el corazón

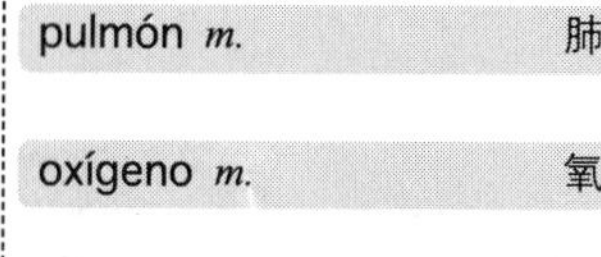
pulmón *m.* 肺

oxígeno *m.* 氧

Los pulmones se encargan de recoger el oxígeno que necesita nuestro cuerpo para producir la energía que permite

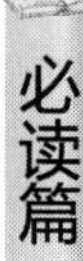

movernos. Lo hacen mediante unos movimientos que llamamos respiración.

Con la respiración, metemos aire en los pulmones. En ese aire se encuentra el oxígeno.

Los pulmones mezclan el oxígeno del aire con la sangre, y esta lo transporta hasta los músculos para que lo transformen en energía y puedan funcionar. Después, expulsan el aire sobrante.

Cuando el aire entra en los pulmones, decimos que estamos inspirando. Cuando lo soltamos y vaciamos los pulmones, estamos espirando.

El corazón es un músculo muy potente que regula la circulación de la sangre con sus constantes movimientos. Cuando aspira la sangre, el movimiento del corazón se llama sístole, y cuando la impulsa, diástole.

Nuestro corazón no se para nunca, pero puede funcionar más despacio o más rápido. Cuando hacemos ejercicio, nuestros músculos necesitan más sangre rica en oxígeno. Entonces, respiramos más deprisa para conseguir más oxígeno, y el corazón se acelera para llevar mayor cantidad de sangre hasta los músculos.

En cambio, cuando descansamos, los músculos no necesitan tanto oxígeno y el movimiento del corazón, al igual que el de la respiración, se hace más lento.

Cada impulso de sangre del corazón se llama latido y lo contamos como una pulsación.

Nuestra salud necesita actividad física

Todas las partes que componen nuestro cuerpo necesitan estar siempre en perfectas condiciones. Y no lo estarán si las obligamos a permanecer inactivas.

respiración *f.* 呼吸

sobrante *adj.* 多余的

inspirar *intr.* 吸气

espirar *intr.* 呼气，吐气

sístole *f.* 收缩

impulsar *tr.* 推动

diástole *f.* 舒张

acelerar *tr.* 加速

impulso *m.* 脉动；脉冲

latido *m.* 搏动，跳动

pulsación *f.* 脉搏；跳动

componer *tr.* 构成

inactivo *adj.* 不活动的

Las actividades físicas favorecen muy en especial al aparato locomotor (es decir, al conjunto de huesos, articulaciones y músculos), al corazón y a los pulmones.

Pero también son muy beneficiosas para nuestra salud mental, porque nos entretienen, nos libran de la fatiga que causa el trabajo o el estudio, y permiten relacionarnos con otras personas y hacer amigos.

Protegemos las manos y los pies en juegos y deportes

Las manos y los pies intervienen activamente en los juegos y los ejercicios que practicamos. Por ello, hemos de protegerlos todo lo que sea posible.

Además de cortar bien las uñas, es preciso proteger las manos de golpes y rozaduras, ya que nuestros dedos son muy sensibles y frágiles. Para ello, siempre que jugamos necesitamos cubrirlos con unos guantes.

El cuidado de los pies es muy importante, ya que vamos permanentemente sobre ellos. Además de llevar las uñas perfectamente cortadas, cuando nos pongamos los calcetines debemos estirarlos bien para evitar que queden arrugas y nos hagan rozaduras.

Los pies son, también, muy sensibles. Para no lesionarlos, debemos utilizar unas zapatillas de buena calidad y adecuadas a la actividad que vayamos a realizar.

Cuando nos hagamos alguna herida en las manos o en los pies, debemos curarla inmediatamente con algodón y con un producto desinfectante, ya que, de lo contrario, podría infectarse.

(474 *palabras*)

aparato *m.* 器官；系统
locomotor *adj.* 运动的
articulación *f.* 关节
fatiga *f.* 疲倦，疲劳
uña *f.* 指甲
rozadura *f.* 擦伤
guante *m.* 手套
permanentemente *adv.* 持久地
calcetín *m.* 袜子
arruga *f.* 皱褶
lesionar *tr.* 损伤
desinfectante *adj.* 消毒的

Ejercicios

I. Di si son correctas o erróneas las siguientes oraciones según el texto. En caso de ser erróneas, corrígelas oralmente:

1. (   ) Los pulmones son los encargados de recoger el oxígeno que necesita todo el cuerpo.
2. (   ) El movimiento de respiración de los pulmones incluye la inspiración y la espiración.
3. (   ) En el aire que respiramos se encuentra el oxígeno.
4. (   ) El corazón es un músculo muy potente que regula la circulación de la sangre con sus constantes movimientos.
5. (   ) El corazón puede funcionar más despacio o más rápido según la necesidad de los músculos.
6. (   ) Cuando practicamos deportes, el corazón late más lento.
7. (   ) Las actividades físicas son beneficiosas para la salud tanto física como mental.
8. (   ) Los pies son menos frágiles que las manos.

II. Cuestionario:

1. ¿Cómo funcionan el corazón y los pulmones?
2. ¿Cómo se protegen las manos y los pies?
3. ¿Por qué nuestra salud necesita actividades físicas?

选读篇

19-4 TEXTO 4

LAS MANOS QUE NO QUERÍAN TRABAJAR

Un día, a pesar de lo extraño que parezca, unas manos se negaron a trabajar.

—No haremos nada, nunca más —decidieron de plano—. Siempre hemos tenido que trabajar duro. A menudo hemos tenido tanto trabajo que no hemos sabido qué hacer primero. ¿Os preguntamos, qué hemos obtenido por todos nuestros afanes y trabajos? ¡Nada, ni la más pequeña cosa! Cuando nos ponemos a pensar en ello, encontramos que siempre hemos tenido que trabajar para el estómago. El estómago, como sabrán, no tiene nada que hacer. Todo lo que hace es comer. ¡Comer, comer, comer! Y nosotras se supone que tenemos que trabajar para ese holgazán, perezoso y bueno para nada. ¿Quiere un pastelito? Aquí estamos nosotras. Se lo agarramos y se lo ofrecemos. Es más, tenemos que dejar lo que estábamos haciendo para untarle mantequilla. ¿Tiene hambre? ¿Quiere una manzana? Queramos o no, tenemos que pelarla para el estómago. Así ha sido, día tras día, sin que nunca diga una palabra de agradecimiento. Pues bien, nosotras las manos ya nos hemos cansado. Nos declaramos en huelga.

Cuando los pies oyeron esto, estuvieron de acuerdo en que las manos tenían razón.

negarse (a) *prnl.* 拒绝

de plano 直截了当地

afán *m. pl.* 辛劳，劳累

holgazán *adj.s.* 懒惰的；懒惰的人

agarrar *tr.* 拿，抓

huelga *f.* 罢工

—Es muy cierto —convinieron—. El estómago siempre cuida de estar cómodo, descansa siempre que tiene ganas. Se toma las cosas con tranquilidad.

convenir *intr.* 同意，赞同

—¿Y nosotros los pies? ¡Oh, nosotros podemos comer! ¡Dame un pastelito! ¡Quiero una manzana! ¡Corre! ¡Dame una rebanada de pan! ¡Apúrate! ¡Leche y mantequilla! ¡Corre con el carnicero por algo de carne! ¡Corre! ¡Corre! ¡Corre! ¡De prisa! ¡De prisa! Podemos estar doloridos. Pero nunca podemos tomarnos un descanso. Las manos tienen toda la razón y nosotros vamos a hacer como ellas. Dejaremos de trabajar también. No vamos a seguir corriendo tras la comida.

rebanada *f.* 片

carnicero *m.* 卖肉的人

dolorido *adj.* 疼痛的

Y así las manos dejaron de trabajar. No tocaban nada, ni agarraban ni pastelitos, ni manzanas, ni pan, ni carne. Y los pies tampoco hacían recados. Estaban descansando.

recado *m.* 差事

—Dejemos que el estómago busque las cosas por sí mismo —dijeron las piernas—, dejemos que se dé cuenta de lo que es estar de pie todo el día sin un momento de descanso.

¡Pero, ah! Los problemas empezaron. Las manos se mantuvieron el primer día. No trabajaron, ni tampoco lo hicieron el segundo ni el tercero. Estaban holgazaneando y lo mismo hacían las piernas. El estómago, que no había probado bocado durante cuatro días, había digerido ya hasta la última migaja y todo el cuerpo se iba sintiendo más y más débil.

holgazanear *intr.* 懒惰；游手好闲

digerir *tr.* 消化

migaja *f.* 面包渣

Entonces se dieron cuenta de que habían cometido una equivocación. Habían subestimado la importancia del estómago.

equivocación *f.* 错误

subestimar *tr.* 低估

Tan pronto como las manos se dieron cuenta de lo equivocadas que habían estado, empezaron a trabajar otra vez. Los pies no quisieron quedarse atrás y lentamente empezaron a hacer recados, corrieron a buscar pastelitos, manzanas, pan, leche y mantequilla y las manos le proporcionaron al estómago toda la comida que quiso. El estómago se sintió pronto bien otra vez y así ocurrió con el resto del cuerpo, incluyendo, como es natural, a las manos y los pies.

En unos cuantos días, todo estaba bien de nuevo, como siempre que las manos hacen su trabajo adecuadamente.

(525 *palabras*)

LA AMENAZA DE LA CONTAMINACIÓN

Gracias a los esfuerzos de la humanidad, el mundo en que vivimos se hace cada día más moderno. Sin embargo, los progresos científicos también traen grandes amenazas. Una de ellas es la contaminación.

Ala vivía antes en Pripiat, una ciudad pequeña y bonita de la antigua Unión Soviética. Tenía su propia tienda. Pero todo cambió el 26 de abril de 1986. A la una y veinte de la tarde de ese día, se produjo el peor accidente de la historia de la energía nuclear en la central nuclear de Chernóbil, situada a 20 kilómetros de Pripiat. El reactor número 4 emitió 500 veces más radiación que la bomba atómica que fue lanzada sobre Hiroshima en 1945. La ciudad se vio afectada por gran cantidad de radiación y debió ser evacuada.

La evacuación fue llevada a cabo por el Ejército Soviético tres días después del accidente, la mayoría de los habitantes

Unión Soviética	苏联
central nuclear de Chernóbil	切尔诺贝利核电站
reactor *m.*	反应堆
emitir *tr.*	发出
radiación *f.*	辐射
bomba atómica	原子弹
Hiroshima	广岛
evacuar *tr.*	撤离

选读篇

fueron evacuados de sus casas para protegerlos de la enorme radiación, los animales domésticos y el ganado debieron ser sacrificados para evitar alteraciones genéticas y muerte en sus descendientes.

genético *adj.* 基因的

descendiente *m.f.* 后代

Ala y todos sus vecinos tuvieron que abandonar el pueblo para vivir cerca de Kiev①. Ahora Pripiat es una ciudad de puertas cerradas y jardines medio secos. Lo mismo ocurrió con Chernóbil: 135 mil habitantes fueron retirados de la zona y hasta hoy todos se encuentran bajo control médico.

Ala dijo: "No sé cuándo regresaremos a casa. Tal vez dentro de 100 o 200 años. Depende de cuándo tendremos el pueblo limpio de la contaminación. Seguro que, cuando podamos volver, ya habremos muerto."

Se estima que la zona no será habitable hasta dentro de varios siglos por las concentraciones de elementos radiactivos y la radiación no desaparecerá de forma absoluta hasta dentro de 24 milenios. En realidad, pese a esta situación, hay quienes han regresado a sus antiguas casas y que, haciendo caso omiso de los peligros en la zona, han vuelto a cultivar el suelo. A pesar de todo ello la ciudad como toda la zona de exclusión, que una vez abandonada por el ser humano ha sido fuertemente colonizada por animales salvajes, sirve de refugio a los mismos, siendo posible encontrarse con manadas de lobos instaladas en la ciudad.

zona de exclusión 禁区

colonizado *adj.* 被占据的，被占领的

En Goiania② ocurrió un accidente de contaminación radiactiva igualmente horrible. Murieron primero una mujer y su sobrina, y días después, un joven de 22 años de edad.

Todo había empezado por un simple robo. Dos hombres

① 基辅，乌克兰首都。

② 戈亚尼亚，巴西中部戈亚斯州的首府。

robaron de un edificio abandonado un pesado aparato de plomo. Lo rompieron para llevarse el plomo. Dentro del aparato, había una pequeña caja llena de un polvo de color azul y muy brillante. Varias familias recibieron el polvo como regalo, sin saber que era cesio137, un material químico muy radiactivo. Más tarde, una niña comió su pan después de jugar con el polvo. Un señor, con el polvo en su bolsillo, fue al hospital en un autobús normal. Ya en el hospital, tuvo que esperar entre mucha gente tres horas para ser atendido. En total, más de 500 personas fueron afectadas antes de conocer qué era el material.

(520 *palabras*)

plomo *m.* 铅

cesio *m.* 铯

UNIDAD 20

FÁBULAS CLÁSICAS (II)

20-0

Poesía

EL CAMELLO Y LA PULGA

En una larga jornada
un camello muy cargado
exclamó, ya fatigado:
"¡Oh, qué carga tan pesada!"
Doña Pulga (跳蚤), que montada
iba sobre él, al instante
se apea, y dice arrogante:
"Del peso te libro yo".
El camello respondió:
"Gracias, señor elefante".

Félix María Samaniego

必读篇

20-1 TEXTO 1

PINOCHO EL ASTUTO

Antes de leer:

1. ¿Has oído hablar de la figura de Pinocho?
2. ¿Es Pinocho un niño astuto?

Érase una vez Pinocho. Pero no el del libro de Pinocho, sino otro. Él también era de madera, pero no era el mismo.

Este también decía mentiras, como el famoso títere, y cada vez que las decía la nariz le crecía; pero cuando la nariz se le alargaba, en lugar de asustarse, llorar, pedir ayuda al Hada Azul, etc., buscaba un serrucho y se cortaba un buen pedazo de nariz. No le dolía porque era de madera.

Como decía muchas mentiras, pero muchas, muchas, en poco tiempo se encontró la casa llena de trozos de madera.

"Qué maravilla, con toda esta madera voy a hacerme unos muebles, y así ahorraré el gasto del carpintero."

Desde luego era hábil. desde luego lo era. Trabajando se hizo la cama, la mesa, el armario, las sillas, los estantes para los libros, un banco.

Cuando estaba haciendo una mesita para el televisor, vio que le iba a faltar madera.

"Bueno, bueno, me hace falta una buena mentira" —se dijo— y salió a la calle a buscar a su víctima.

títere *m.* 木偶

serrucho *m.* 手锯

ahorrar *tr.* 节省，节约

carpintero *m.* 木匠

—Buenos días. ¿Sabe que es usted un hombre afortunado? Ha ganado cien millones en la lotería: lo ha dicho la radio.

—¡No es posible!

—Perdone, ¿usted cómo se llama?

—Roberto Oblongo.

—¿Lo ve? La radio ha dicho su nombre: Roberto Oblongo. Pues no cabe ninguna duda, el ganador es usted.

Pinocho volvió a su casa satisfecho. La mentira le había alargado la nariz en la medida justa como para hacer la última pata de la mesa del televisor. Cuando hubo terminado de amueblar la casa, decidió montar un negocio para hacerse rico.

Y, en efecto, en poco tiempo, se convirtió en propietario de una gran tienda con cien obreros y doce contables.

Y mentiras por aquí y mentiras por allá: la nariz no se cansaba nunca de crecer. Pinocho se hacía cada vez más rico.

Lamentablemente, a fuerza de decir mentiras se le iba agotando la fantasía. Entonces, Pinocho decidió contratar a un guionista de cine por un sueldo mensual. Se dedicaba a pensar mentiras para su jefe:

—Diga que ha ido al Polo Norte, ha hecho un pozo y ha salido por el Polo Sur.

Ahora que era un ricachón, Pinocho ya no se serraba la nariz él mismo: lo hacían dos obreros especializados, de guantes blancos, con un serrucho de oro. A estos obreros les pagaba doble sueldo: a uno por el trabajo que hacía, y al otro por quedarse callado.

Gianni Rodari[①]

(406 *palabras*)

lotería *f.* 彩票

radio *f.* 广播

no cabe ninguna duda 毫无疑问

amueblar *tr.* 陈设家具

montar un negocio 经营生意

en efecto 确实，果真

contable *m.f.* 会计

contratar *tr.* 雇佣

guionista de cine 电影编剧

mensual *adj.* 按月的

pozo *m.* 井

ricachón *m.* 阔佬

serrarse *prnl.* 锯

especializado *adj.* 专门的；熟练的

① Gianni Rodari (1920—1980) , escritor, pedagogo (教育家) y periodista italiano especializado en literatura infantil y juvenil.

Ejercicios

I. Di si son correctas o erróneas las siguientes oraciones según el texto. En caso de ser erróneas, corrígelas oralmente:

1. (　　) El Pinocho astuto era un hombre verdadero.
2. (　　) Cuando él decía mentiras, se le alargaba la nariz de madera.
3. (　　) Pinocho se asustaba al ver crecer la nariz y siempre la cortaba con un serrucho.
4. (　　) A él se le ocurrió la idea de hacer unos muebles con la madera cortada de su nariz.
5. (　　) Al amueblar su casa Pinocho decidió hacer un negocio con su nariz mágica para hacerse rico.
6. (　　) Él no dejaba de decir mentiras y la nariz tampoco dejaba de crecer.
7. (　　) Cuando se le acabaron las mentiras, Pinocho contrató a un guionista de cine para ayudarle a filmar películas.
8. (　　) Dos obreros suyos se han convertido en expertos en cortarle la nariz a Pinocho.

II. Cuestionario:

1. ¿Por qué se dice que este Pinocho es astuto?
2. ¿Cómo se hizo rico el Pinocho astuto?
3. ¿Qué piensas sobre esta fábula?

SIMBAD EL MARINO

Antes de leer:

1. ¿Conoces la historia de Simbad?
2. ¿Es extraña la vida de los marinos?

En la lejana ciudad de Bagdad vivía un joven muchacho llamado Simbad. Era muy pobre y para ganarse la vida

Bagdad	巴格达

transportaba pesadas cargas sobre su cabeza. Un día, se quejaba:

—¡Pobre de mí! ¡Qué mala suerte la mía!

Un anciano le oyó desde su rica casa y lo invitó a pasar. Simbad *el Cargador* lo encontró sentado sobre una preciosa alfombra.

—He oído tus quejas, mi vida tampoco fue fácil. Siéntate y te contaré mis aventuras.

Me llamo Simbad *el Marino*. Mi padre me dejó una gran fortuna, pero yo la derroché en poco tiempo. Entonces, me fui en un barco con unos mercaderes. Después de navegar varias semanas, llagamos a una isla. De repente, la tierra empezó a moverse. La isla resultó ser una enorme ballena. Nos hizo naufragar pero me agarré a una tabla y logré llegar a tierra firme.

En cuanto pude, me embarqué de nuevo. Un día, paramos en un puerto para comprar provisiones. Mientras esperaba, me apoyé en un árbol, me quedé dormido y perdí el barco. Me adentré en un valle y encontré oro y piedras preciosas con las que llené un saco. Lo até a mi espalda junto con un trozo de carne. Un águila la olió y me sacó de aquel lugar.

Tardé poco en volver a un barco. Pero volví a naufragar. Llegué a una isla habitada por hombres que comían carne humana. Por suerte, logré escapar y volví a Bagdad con el oro y las joyas.

Y así, día tras día, el anciano Simbad *el Marino* le contaba al joven cargador las aventuras que había vivido. Además, cada día le entregaba cien monedas de oro. Así fue como Simbad *el Cargador* supo cómo muchas veces el anciano se había enriquecido para volver a perderlo todo de nuevo. De este modo, llegó a contarle su última aventura.

pesado *adj.* 重的

derrochar *tr.* 挥霍

tabla *f.* 木板

embarcarse *prnl.* 上船

adentrarse *prnl.* 进入，深入

—En mi último viaje fui vendido a un traficante de marfil. Mi trabajo consistía en matar elefantes para conseguir sus colmillos. Un día, encontré un elefante que se había caído en una trampa. Como me dio tanta pena, lo liberé. El animal resultó ser un genio encantado y como agradecimiento me regaló una alfombra con poderes mágicos. Podía llevarme a donde quisiera. Así que me monté en ella, regresé a Bagdad y dejé de viajar.

El joven Simbad sintió curiosidad y le preguntó al anciano:

—¿Dónde está esa alfombra?

—Estás sentado sobre ella —le respondió el anciano.

En ese momento, Simbad *el Cargador* se elevó por el aire.

—¿Adónde vas? —le preguntó Simbad *el Marino*.

—A recorrer el mundo —respondió el joven—. Yo también me llamo Simbad.

Cuento popular árabe

(433 *palabras*)

traficante *m.* （走私）贩子

marfil *m.* 象牙

colmillo *m.* 象牙；尖牙

trampa *f.* 陷阱

genio *m.* 神灵

encantado *adj.* 施了魔法的

elevarse *prnl.* 升起，升高

Ejercicios

I. Pon en orden las siguientes oraciones según el texto:

1. ( ) Simbad *el Marino* empezó a contar sus aventuras.
2. ( ) Simbad *el Marino* recorrió el mundo en la alfombra mágica.
3. ( ) Simbad *el Cargador* fue invitado a la casa de un anciano llamado Simbad *el Marino*.
4. ( ) Simbad *el Marino* libró a un elefante caído en la trampa, el cual era un genio encantado.
5. ( ) Simbad *el Marino* se adentró en un valle donde encontró oro y piedras preciosas.
6. ( ) Simbad *el Cargador* se quejaba de la vida pobre que llevaba.

7. ( ) Simbad *el Marino*, montado en la alfombra mágica, volvió a Bagdad y dejó de viajar.
8. ( ) Simbad *el Cargador* se elevó para recorrer también el mundo.
9. ( ) Simbad *el Marino* escapó y volvió a Bagdad con el oro y las joyas.
10. ( ) Simbad *el Marino* llegó a una isla, que resultó ser una ballena.

II. Cuestionario:

1. ¿Por qué Simbad *el Marino* invitó al joven pobre a su casa?
2. ¿Podrías resumir las aventuras realizadas por el anciano Simbad *el Marino*?
3. ¿Adónde preferirías viajar si tuvieras también una alfombra mágica?

EL ZAPATERO QUE QUISO SER RICO

Antes de leer:

1. ¿En qué consiste el trabajo de un zapatero?
2. ¿Sabes cómo se hace rico un zapatero?

Había un zapatero que pasaba sus días arreglando calzado en su taller. Sus clientes, en lugar de dinero, le daban un cerdo a cambio de un par de zapatos nuevos o le pagaban la reparación de unos tacones con un huevo. Cada vez que le arreglaba los zapatos al granjero, recibía una pieza de cuero para fabricar más calzado. Y cuando el herrero le pedía unas medias suelas para sus botas, le pagaba con una caja de clavos.

Al zapatero no le importaba el dinero y era feliz así. Pero un buen día pasó ante la mansión de un hombre muy rico. Embobado, contempló sus espléndidos jardines. "¿Por qué no me convierto yo también en un hombre rico?", pensó. "Desde ahora trabajaré solo para clientes importantes. Y cobraré caro,

calzado *m.*	鞋
tacón *m.*	鞋后跟
herrero *m.*	铁匠
medias suelas	鞋掌
bota *f.*	靴子
clavo *m.*	钉子
mansión *f.*	府邸
espléndido *adj.*	富丽堂皇的

muy caro."

El hombre colocó las herramientas en un carrito y abandonó su taller en busca de fortuna.

Al poco, se tropezó con un pastor que le propuso cambiarle un cordero por un par de botas. El zapatero se negó y encaminó sus pasos hacia la casa de una rica dama. Allí reparó los zapatos de la noble señora y, cuando le pidió dinero por su trabajo, esta respondió indignada:

tropezarse *prnl.* 遇到

cordero *m.* 羊羔；羊羔皮

dama *f.* 贵妇人

—¿Dinero? ¡Yo no pago jamás! Es un honor trabajar para mí. Cuando se sepa que has arreglado mis zapatos, todo el mundo te dará los suyos.

Arrastrando su pesado carrito, el zapatero se dirigió al puerto, donde encontró a un almirante.

—¡Necesito unas buenas botas!—gritó el marino.

El zapatero le hizo las botas más elegantes que se hayan visto nunca. El almirante se las puso, zarpó en su barco y ni siquiera le dio las gracias.

"No importa", pensó el zapatero. "Ahora tengo clientes ricos y pronto, yo también seré rico."

Pero, desgraciadamente, el zapatero continuó arreglando los zapatos de personajes ilustres sin que ninguno de ellos le pagara nada a cambio.

ilustre *adj.* 尊贵的

Así que, una noche, el zapatero decidió regresar a su taller. No había conseguido ni una mísera moneda y ya no le quedaban cuero ni clavos para fabricar zapatos.

mísero *adj.* 可怜的

—¡Qué desdicha la mía! Por querer hacerme rico, me veo más pobre que nunca.

desdicha *f.* 倒霉

Al oír las quejas, algunos vecinos acudieron al taller.

—Yo te cambiaría un cordero por un par de botas—dijo el pastor a quien el zapatero había rechazado días antes.

rechazar *tr.* 拒绝

—Acepto encantado. Ahora comprendo que no existe nada mejor que trabajar para vosotros.

Y cuando se supo en la ciudad que el zapatero había vuelto, todos acudieron a pedirle que arreglara sus zapatos. Unos le pagaban con huevos; otros, con una gallina...

El zapatero se sentía más rico que nunca. Ya no le preocupaba el dinero. Tenía su despensa llena, no le faltaban cuero ni clavos y, sobre todo, tenía un montón de amigos.

Tony Ross①

(465 *palabras*)

Ejercicios

I. Di si son correctas o erróneas las siguientes oraciones según el texto. En caso de ser erróneas, corrígelas oralmente:

1. (   ) Al zapatero no le faltaban clientes y ganaba bien.
2. (   ) Al zapatero siempre le pagaban el dinero por su trabajo.
3. (   ) El herrero le daba una caja de clavos por unas medias suelas para sus botas.
4. (   ) Un día el zapatero decidió hacerse rico solo sirviendo a los clientes importantes.
5. (   ) La rica dama no le pagó nada al zapatero por los zapatos reparados.
6. (   ) El almirante zarpó muy agradecido con las botas fabricadas por el zapatero.
7. (   ) El zapatero se dio cuenta de su desdicha trabajando con los ricos.
8. (   ) Al volver el zapatero a su taller, ya había perdido a todos los clientes.

① Tony Ross (1938—), ilustrador (插图画家) y autor británico.

II. Cuestionario:

1. ¿Cómo había pasado su vida el zapatero antes de querer hacerse rico?
2. ¿Cómo eran los clientes que tenía el zapatero después de dejar su taller y sus clientes habituales?
3. ¿Por qué volvió a su taller el zapatero después de tener unas experiencias poco agradables con clientes ilustres?

选读篇

20-4 TEXTO 4

EL FLAUTISTA DE HAMELÍN

Hace muchos años existió un pueblo llamado Hamelín. Sus habitantes no eran felices. ¿Sabéis por qué? Pues porque en Hamelín ocurrió un extraño suceso. Una mañana, cuando sus habitantes se levantaron, encontraron sus graneros y sus despensas llenos de ratas.

Las ratas perseguían a los gatos, mordían a los perros, se comían los mejores alimentos de las casas y de las tiendas... Por más que intentaban exterminarlas siempre aparecían más y más ratas en la ciudad. Tal era la cantidad de ratas que hasta los mismos gatos huían asustados.

Ante la gravedad de la situación, todos los habitantes de Hamelín fueron al ayuntamiento. Estaban muy enfadados. Exigían una solución inmediata. Los hombres más importantes de la localidad se reunieron para pensar la manera de acabar con ellas. Después de reflexionar, el alcalde mandó colocar un cartel en la plaza en el que se leía:

A LA PERSONA QUE NOS LIBRE DE LAS RATAS SE LE RECOMPENSARÁ CON DOS BOLSAS LLENAS DE MONEDAS DE ORO.

Cada día que pasaba, la situación empeoraba. Pero, entonces, llegó al pueblo un extraño personaje. Era alto y delgado como un palo. Tenía la barbilla puntiaguda, los labios finos y los ojos azules como el mar. De su cuello colgaba una

flautista *m.f.*	长笛手
suceso *m.*	事件
granero *m.*	粮仓
exterminar *tr.*	消灭
gravedad *f.*	严重性
localidad *f.*	地方
empeorar *intr.*	恶化
puntiagudo *adj.*	尖的

flauta.

Leyó el cartel y se presentó ante el alcalde.

—¿Queréis que os libre de las ratas?

—¿Cómo lo harás? —preguntó el alcalde.

—Tocando con mi flauta una melodía mágica.

—¡De acuerdo! Si lo haces, la recompensa será tuya.

El flautista se dirigió a la Plaza Mayor. Se llevó la flauta a los labios y tocó una rarísima melodía.

De pronto, empezaron a acudir ratas grandes y chicas, gordas y flacas, sabias y tontas, viejas y jóvenes... No faltaba ni una rata: padres, madres, hijos, abuelos, hermanos, tíos, sobrinos y tatarabuelos. Familias enteras de ratas, danzando como locas, seguían el ritmo del flautista.

tatarabuelo *m.* 高祖父

Al llegar al río, el flautista se paró y las ratas cayeron al agua y se ahogaron.

Los habitantes de Hamelín, contentos y felices por haberse librado de las ratas, festejaron su alegría con una gran comida.

festejar *tr.* 庆祝

Después de los postres, el flautista se dirigió al alcalde:

—Señor, ha llegado la hora de que cobre la recompensa.

—Tampoco te ha costado tanto. Creo que con esta comida, a la que te hemos invitado, ya estás muy bien pagado.

Todo el pueblo aplaudió a su alcalde por su decisión.

Enfadado, el flautista salió a la calle, se llevó la flauta a los labios y empezó a tocar otra melodía. Al momento algo muy extraño sucedió: todos los niños y niñas del pueblo salieron de sus casas y siguieron al flautista. El flautista, con su música, los llevó muy lejos del pueblo. Sus padres los llamaron desesperadamente, pero sus gritos no consiguieron detenerlos.

Hamelín se llenó de tristeza, y el alcalde se dio cuenta de su error y, arrepentido, fue en busca del flautista. Cuando lo encontró, le pidió que devolviera a los niños.

arrepentido *adj.* 后悔的

El flautista misterioso trajo de vuelta a los niños, obtuvo su recompensa y nunca más volvió a Hamelín.

(510 *palabras*)

20-5 TEXTO 5

UNA ELECCIÓN ACERTADA

En muchos cuentos y leyendas, los personajes tienen que enfrentarse a duras pruebas o deben competir con otros para conseguir algo que desean. En la historia que vas a leer, los candidatos a la sucesión de un rey deben demostrar su fuerza. ¿Quién será el más fuerte? ¿Qué hará para demostrarlo?

elección *f.* 选择

candidato *m.* 候选人

sucesión *f.* 继承

Esta historia ocurrió hace muchísimos años, en un lejano país de tierras heladas. Allí gobernaba el rey Erico el Viejo. Un día, el soberano decidió retirarse y anunció que elegiría a su sucesor entre los hombres más fuertes del reino.

soberano *m.* 君主；国王

sucesor *m.* 继承者

Cientos de candidatos se enfrentaron a duras pruebas, pero solo Trim, Trom y Trum llegaron a la final.

En un abarrotado salón del trono, el rey pidió a los finalistas que contaran sus hazañas. El pelirrojo Trim tomó la palabra:

abarrotado *adj.* （挤得）满满的

finalista *adj.s.* 最后的；决赛者

hazaña *f.* 英雄事迹

—Una vez, mientras navegaba, se desencadenó una gran tormenta. Como soy muy fuerte, cogí mi barco con una mano y, utilizando un solo brazo, llegué nadando hasta la orilla.

desencadenarse una tormenta 掀起风暴

—¡Oooh! —se oyó un murmullo de admiración en la sala.

A continuación le tocó el turno a Trom, moreno y grande como un gigante.

—Pues yo sufrí una tormenta aún más terrible. El mar estaba tan embravecido que era imposible sujetar el barco con una mano. Así que lo agarré con las dos y alcancé la playa nadando solo con mis piernas.

—¡Ooooh! —resonó un clamor todavía más fuerte.

Por último le tocó hablar a Trum, un hombretón rubio y con fama de soberbio, que no contaba con las simpatías del público.

—¡Bah! ¡Eso no es nada! —dijo con desprecio—. Yo tuve que enfrentarme a una horrible tempestad cuando iba al mando de toda una flota. Como no podía coger tantos barcos, monté en Relámpago, mi caballo, y galopamos por el fondo del mar hasta la playa. Allí cogí una soga y até nuestro país a la cola de Relámpago, que arrastró el reino, mar adentro, hasta llevarlo junto a los barcos.

—¡Ooooooh! —exclamó el público.

—¡Ajá! Es decir, que como no podías llevar los barcos a tierra, llevaste la tierra hasta los barcos —aclaró el monarca.

—Así es —contestó orgulloso Trum.

En el salón del trono se hizo un enorme silencio. Aunque Trum era, sin duda, el candidato más fuerte, nadie quería tenerlo como rey.

De pronto, una muchacha del público se puso en pie y pidió la palabra.

—Majestad, creo que hay alguien más fuerte que este

murmullo *m.*	窃窃私语
embravecido *adj.*	波涛汹涌的
resonar *intr.*	发出轰响
clamor *m.*	喊声，呼声
soberbio *adj.*	狂妄自大的
simpatía *f.*	好感
relámpago *m.*	闪电
galopar *intr.*	奔跑
soga *f.*	绳子
aclarar *tr.*	说明；澄清
monarca *m.*	君主

caballero...

—¿Más fuerte que yo? —preguntó Trum desafiante.

—Sí —contestó ella con rotundidad—. Relámpago, tu caballo, es más fuerte que tú.

Todos los presentes estallaron en aplausos. Al ver la reacción de su pueblo, Erico se dio cuenta de que el ingenio era más importante que la fuerza. Entonces pidió a la joven que se acercara al estrado y dijo:

—Muchacha, has demostrado una aguda inteligencia. Por ello, serás mi sucesora.

El público apoyó aquellas palabras con una fuerte ovación. Nadie tenía duda de que era una elección muy acertada.

Leyenda Escandinava①

(495 *palabras*)

desafiante *adj.*	挑衅的
con rotundidad	斩钉截铁地
reacción *f.*	反应
ingenio *m.*	智慧
estrado *m.*	王位宝座
agudo *adj.*	敏锐的；机智的
ovación *f.*	欢呼

① 斯堪的纳维亚传说。

总词汇表

GLOSARIO

A

(estar) hecho polvo	筋疲力尽	8-5
a (su) alcance	（他）力所能及的范围	14-4
a bordo	乘车时	12-4
a despecho	无视；不顾	18-4
a distancia	在远处	2-4
a la redonda	在周围	4-5
a lomos	驮着	1-5
a los cuatro vientos	大肆张扬地	6-5
a mandoble	猛刺，狠劈	17-4
a paraguazo	用伞打	17-4
a ras de	紧贴	1-4
a tope	到极限	4-5
abarrotado *adj.*	（挤得）满满的	20-5
abordar *tr.*	乘车	4-1
abrumar *tr.*	压倒，压垮	9-5
aceitera *f.*	油瓶	1-1
acelerar *tr.*	加速	19-3
acera *f.*	人行道	17-4
acertar *tr.*	做对；猜中	7-5
aclarar *tr.*	说明；澄清	20-5
acomodarse *prnl.*	就座；安顿好	1-1
acompañante *m.*	陪伴者	15-5
acontecimiento *m.*	重大事件	15-1
acostumbrarse(a) *prnl.*	养成……习惯	7-4
acrecentar *tr.*	增加，提升	9-5
activarse *prnl.*	喷发；活跃	11-1
actuar *intr.*	行动	9-5
adagio *m.*	格言	17-5
adelanto *m.*	预付款	6-5
adentrarse *prnl.*	进入，深入	20-2
adentros *m.pl.*	内心	13-1
admiración *f.*	赞美；钦佩	6-5
adoptar *tr.*	收养	13-3
adquirir *tr.*	获得	17-5
afán *m. pl.*	辛劳，劳累	19-4
afeitar *tr.*	剃胡须	1-5
afuera *adv.*	外面	4-4
agachado *adj.*	弯着腰的	7-5
agar *m.*	琼脂培养基	19-2
agarrar *tr.*	拿，抓	19-4
agencia de viajes	旅行社	12-2
agitar *tr.*	挥动	6-4
agotar *tr.*	耗尽，用光	8-5
agradar *intr.*	使高兴	8-1
agradecido *adj.*	感谢的，感激的	7-5
agregar *tr.*	补充	1-1
agrícola *adj.*	农业的	15-1
agricultor *m.*	种植者	15-4
agrio *adj.*	态度生硬的	7-4
aguardar *intr.*	等候，等待	1-3
aguardiente *m.*	白酒	18-5
agudo *adj.*	敏锐的；机智的	20-5
aguja *f.*	指针；针	5-3
ahogarse *prnl.*	淹死；窒息	13-2
ahora bien	但是，然而	1-5
ahorrar *tr.*	积蓄，积攒	12-2
ahorrar *tr.*	节省，节约	20-1
al azar	任意地	12-1
al contrario	相反	2-3
al fin	最后；终于	2-1
al frente	向前	13-2
al revés	相反地	1-3
alboroto *m.*	混乱	17-4
alcoba *f.*	卧室	16-1
alegar *tr.*	辩护	1-5
alejarse *prnl.*	远离，离开	5-4
alfombra *f.*	地毯	14-1
alforja *f.*	褡裢	1-3
algodón *m.*	棉花	5-2
aligerado *adj.*	轻快的	8-4
alimentación *f.*	饮食	9-2
aliviar *tr.*	减轻，缓解	9-5
alivio *m.*	轻松	4-4
almirante *m.*	舰队司令	8-5
alquilar *tr.*	出租	18-5
altavoz *m.*	扩音器	4-1
alteración *f.*	改变	9-5
altitud *f.*	海拔高度	15-1
amabilidad *f.*	亲切，和蔼	4-1
amansar *tr.*	使平静	4-5
amarillento *adj.*	发黄的	1-4
amarra *f.*	锚链，缆绳	8-5
amenaza *f.*	威胁	14-4
amiba *f.*	阿米巴虫	9-1
amueblar *tr.*	陈设家具	20-1
anatomía *f.*	解剖学	19-1
Andalucía	安达卢西亚	4-3
andaluz *adj.*	安达卢西亚的	8-5
aniquilar *tr.*	消灭	11-4
antagonismo *m.*	对立	15-1
antibiótico *m.*	抗生素	19-2
antiestético *adj.*	不美观的	17-3
antigüedad *f.*	古代；古老	15-3

anular *tr.*	消除	17-5
apacible *adj.*	平静的，宁静的	17-5
apalear *tr.*	用棍子打	13-1
aparato *m.*	器官；系统	19-3
apartar *tr.*	分开	3-3
apetitoso *adj.*	美味的	8-3
apilar *tr.*	堆积	1-5
apoyarse *prnl.*	倚，靠	17-4
apreciar *tr.*	欣赏，器重	13-2
apreciar *tr.*	重视	17-5
apretar *tr.*	闭紧	4-4
apropiado *adj.*	适宜的	15-4
apto *adj.*	适合的	12-5
apuesto *adj.*	漂亮的	3-2
apurar *tr.*	催促；加快	1-3
aragonés *adj.s.*	阿拉贡的；阿拉贡人	18-2
archipiélago *m.*	群岛	15-1
árido *adj.*	干旱的	15-1
armonía *f.*	和谐	12-5
aroma *m.*	香味，香气	3-1
arrancar *tr.*	启动	4-5
arrepentido *adj.*	后悔的	20-4
arruga *f.*	皱褶	19-3
arte *amb.*	艺术	12-5
articulación *f.*	关节	19-3
asado *adj.*	烧烤的	11-3
asentir *tr.*	赞成，同意	8-4
así como	以及	4-3
asombrarse *prnl.*	惊奇，惊恐	13-1
aspa *f.*	风车翼	15-5
aspirante *m.*	候选者	6-3
aspirar (a) *intr.*	追求	17-5
astilla *f.*	碎屑	8-5
astucia *f.*	狡猾	8-3
asumir *tr.*	担负起	17-5
atacar *tr.*	开始，着手	5-5
atender (a) *intr.*	听从，理会	15-5
atender *intr.*	专心，专注	5-4
atender *tr.*	照顾	13-3
aterrorizado *adj.*	害怕的	3-1
atinar *intr.*	做得正确	17-4
atlas *m.*	地图册	4-3
atolondrado *adj.*	不爱思考的	7-5
atraer *tr.*	吸引	14-4
atraído *adj.*	被吸引的	1-5
atrás *adv.*	向后面	4-4
atún *m.*	金枪鱼	5-5
audiencia *f.*	大厅	10-5
aula *f.*	教室	2-1
aullar *intr.*	嗥叫	3-5
aumentar *intr.*	增加，提高	9-5
auricular *m.*	耳机	4-5
ausencia *f.*	不在，缺席	7-4
australiano *adj.*	澳大利亚的	15-4
autovaloración *f.*	自我认同	9-5
auxilio *m.*	救命	1-1
avaricia *f.*	贪心；贪婪	1-2
avaricioso *adj.*	贪心的	1-2
avaro *adj.*	吝啬的	1-2
ave *f.*	鸟，禽	10-3
avenida *f.*	街道	17-4
aventurero *adj.*	冒险的	2-4
averiguar *tr.*	调查	2-4
avestruz *m.*	鸵鸟	8-4
avispado *adj.*	聪明的	1-4
ayudante *m.*	助手	16-2
azotea *f.*	屋顶平台	11-5

B

bacteria *f.*	细菌	19-2
Bagdad	巴格达	20-2
bailaor *m.*	（弗拉门戈）舞者	15-2
bajel *m.*	小船	18-3
balancín *m.*	摇椅	14-1
balbucear *intr.*	结结巴巴地说	5-4
balcón *m.*	阳台	14-5
banco *m.*	长椅	5-3
banda *f.*	群，帮，伙	18-4
banquete *m.*	宴会	1-2
bañera *f.*	浴缸；浴池	2-1
barba *f.*	胡须	16-4
barbería *f.*	理发店	1-5
barbero *m.*	理发师	1-5
base *f.*	基础	15-4
bastar (con) *intr.*	足够	6-4
baste *m.*	鞍垫	1-5
batacazo *m.*	跌倒	5-2
batir *tr.*	拍，敲	8-4
batirse *prnl.*	格斗，决斗	17-4
bebida *f.*	酒；饮料	1-2
belleza *f.*	美丽	8-4
bendecir *tr.*	赐福，降福	11-5
beneficiado *adj.*	受益的	1-4
bergantín *m.*	双桅帆船	18-4
bichito *m.*	小虫子	2-4
billete *m.*	纸币	2-5
blandir *tr.*	挥动	17-4
blando *adj.*	柔的	9-2
bocina *f.*	喇叭	2-1
boda *f.*	婚礼	1-1
bodeguero *m.*	酒庄主	15-4
boleto *m.*	车票	4-1
bolita *f.*	小球	10-3
bomba atómica	原子弹	19-5
bonanza *f.*	风平浪静	18-4
bondad *f.*	善良，善心	11-2
bondadoso *adj.*	善良的，好心的	6-2
bordar *tr.*	刺绣	11-4
borde *m.*	边缘	8-4
bota *f.*	靴子	20-3

bote *m.*	盒，罐	14-1
brasa *f.*	炭火	1-4
bravura *f.*	勇敢；凶猛	18-4
brillante *m.*	钻石	16-3
brizna *f.*	（植物的）细丝	7-4
broma *f.*	玩笑	1-4
bucear *intr.*	潜水	6-3
buche *m.*	（鸟的）嗉囊；（动物的）胃	10-3
búho *m.*	雕鸮	18-5
burro *m.*	驴	1-5

C

caballero *m.*	绅士	13-4
cabeza de chorlito	没头脑的人	5-4
cabezota *m.f.*	固执的人	2-2
cable *m.*	粗绳	13-5
cacahuete *m.*	花生	8-5
cacao *m.*	可可豆	8-5
cacarear *intr.*	（鸡）咯咯叫	8-4
calabaza *f.*	瓜；西葫芦	11-2
calarse *prnl.*	（发动机）停转	13-5
calcetín *m.*	袜子	19-3
calcio *m.*	钙	9-2
cálido *adj.*	热情的	14-5
callado *adj.*	一声不响的	6-3
calma *f.*	冷静，沉着	8-5
calmarse *prnl.*	安静；镇静	2-4
calzada *f.*	道路，公路	10-5
calzado *m.*	鞋	20-3
camarote *m.*	舱室；寝舱	16-4
camello *m.*	骆驼	3-4
canal *m.*	运河	9-1
cancelación *f.*	取消	9-4
candidato *m.*	候选人	20-5
cáñamo *m.*	麻	14-1
capturar *tr.*	捉，捕	11-3
carabela *f.*	三桅帆船	8-5
carbón *m.*	煤；碳	8-3
carecer (de) *intr.*	缺少	12-3
cargado *adj.*	驮着的	1-5
cargamento *m.*	货物	13-2
cargar *tr.*	装，装载	4-5
cariñoso *adj.*	亲切的	2-1
caritativo *adj.*	仁慈的	11-5
Carnaval *m.*	狂欢节	12-5
carnet *m.*	手册	12-4
carnicero *m.*	卖肉的人	19-4
carpintero *m.*	木匠	20-1
carroza *f.*	四轮马车	16-5
casco *m.*	船体	10-2
caseta *f.*	小房子	13-5
castillo *m.*	城堡	1-1
casualmente *adv.*	偶然地	6-4
catalán *m.*	加泰罗尼亚语	15-3
catarro *m.*	感冒	9-4
categoría *f.*	等级；级别	12-3
caudaloso *adj.*	水量大的	11-5
caverna *f.*	洞穴	11-4
cazar *tr.*	打猎	6-5
cazuela *f.*	锅；砂锅	14-1
cebolla *f.*	洋葱	13-4
cebra *f.*	斑马	3-4
célula *f.*	细胞	19-2
centellear *impers.*	闪耀	10-5
centígrado *adj.*	摄氏的	15-2
central nuclear de Chernóbil	切尔诺贝利核电站	19-5
ceñirse *prnl.*	系，束，扎	11-4
cerebro *m.*	大脑	3-2
cerveza *f.*	啤酒	17-2
cesio *m.*	铯	19-5
champán *m.*	香槟酒	17-2
chimenea *f.*	烟囱	3-5
chiquillo *m.*	小孩	2-5
chirrido *m.*	吱嘎响	13-5
chistoso *adj.*	可笑的	4-4
chocolatina *f.*	巧克力	2-5
chofer *m.*	司机	4-1
churrito *m.*	油条	18-5
cieno *m.*	泥，泥沼	10-5
ciervo *m.*	鹿	3-4
cigarra *f.*	蝉，知了	3-1
cimiento *m.*	地基	8-2
cinc *m.*	锌	10-3
cinturón *m.*	腰带；皮带	11-4
circular *intr.*	开动	4-2
cisne *m.*	天鹅	3-3
cítara *f.*	西塔拉（乐器）	10-4
clamor *m.*	喊声，呼声	20-5
clarín *m.*	号，号角	10-3
clase media	中产阶级	17-1
clasificado *adj.*	分成……类	12-3
clavado *adj.*	钉在……的	13-5
clavel *m.*	康乃馨	7-4
clavo *m.*	钉子	20-3
clima *m.*	气候	12-5
cobertizo *m.*	棚子	13-5
cobrar alas	（此处）插上翅膀	5-4
cobrar *tr.*	俘获	13-4
coco *m.*	椰子	1-3
codo *m.*	肘	2-3
cogollito *m.dim.*	小菜心	14-5
cojear *intr.*	跛行	13-1
colarse *prnl.*	钻进；溜进	14-4
coleccionar *tr.*	收集	5-2
collar *m.*	项链	16-3
colmillo *m.*	象牙；尖牙	20-2
colonizado *adj.*	被占据的，被占领的	19-5
colorín *m.*	朱顶雀	10-3

colosal *adj.*	巨大的	11-2
comarca *f.*	地区，地方	13-2
comodidad *f.*	方便	12-4
comparecer *intr.*	出庭	11-5
competencia *f.*	竞争	15-4
componer *tr.*	构成	19-3
comportarse *prnl.*	表现	7-2
compromiso *m.*	责任；承诺	17-5
con destino a	驶向，走向	4-1
con resignación	无可奈何	12-1
con rotundidad	斩钉截铁地	20-5
conceder la mano	赐婚；允婚	1-1
conceder *tr.*	赐予	16-4
concentrarse *prnl.*	全神贯注	2-3
concluir *tr.*	得出（结论），推断出	13-1
concurso *m.*	比赛，竞赛	5-5
condenar *tr.*	判决	19-1
conducir *tr.*	带领，引领	6-4
conductor *m.*	司机	2-1
confeccionar *tr.*	制作（衣服）	6-5
confesar *tr.*	承认，坦白	6-2
confianza *f.*	信任；信心	9-5
confín *m.*	地平线，天际	18-4
conflicto *m.*	矛盾；冲突	17-5
conformarse *prnl.*	同意	1-5
conformarse *prnl.*	满足；高兴	11-2
conmovido *adj.*	感动的	11-2
consentir *tr.*	允许，许可	8-1
consistir (en) *intr.*	是，在于	11-4
constituir *tr.*	构成，组成	12-3
consumir *tr.*	吃喝；消费	15-4
consumición *f.*	消费	17-2
contable *m.f.*	会计	20-1
contagio *m.*	传染	9-4
contar (con) *intr.*	指望，信赖	9-5
contener *tr.*	装有，含有	6-4
continente *m.*	大陆	8-5
contratación *f.*	租用	12-3
contratar *tr.*	雇佣	20-1
convenido *adj.*	商定的	1-5
convenir *intr.*	同意，赞同	19-4
convenir *intr.*	适合，适宜	13-3
convenir *tr.*	商定	1-5
coñac *m.*	白兰地	12-1
cooperación *f.*	协作	17-5
coordinar *tr.*	使协调，使配合	9-2
copiar *tr.*	抄写	5-4
copo *m.*	雪片	3-1
coquetear *intr.*	卖弄风情	12-5
coraje *m.*	勇气	14-5
corbata *f.*	领带	17-3
corcho *m.*	软木	2-4
cordero *m.*	羊羔；羊羔皮	20-3
cordillera *f.*	山脉	15-1
cordón *m.*	带子	2-1
corona *f.*	王冠	3-4
coronel *m.*	上校	18-2
cortina *f.*	帘	2-1
corto *adj.*	距离短的	1-3
cosecha *f.*	收成；收获	1-4
costar *tr.*	花费	2-5
creíble *adj.*	可信的	5-4
cretino *m.*	笨蛋，蠢货	17-4
creyente *m.*	信徒	7-2
criatura *f.*	动物	19-2
cristalino *adj.*	清澈的	6-4
crónica *f.*	编年史	11-5
crujir *intr.*	吱吱作响	13-2
cruzar *tr.*	穿过，通过	4-1
cuadrado *adj.*	平方的	15-1
cuadro *m.*	画，绘画	15-2
cuajarse *prnl.*	凝结；冻住	10-3
cuarto de estar	起居室	5-5
cúbico *adj.*	立方体的	8-4
cubierta *f.*	甲板	16-4
cubo *m.*	桶	1-1
cuchichear *intr.*	窃窃私语，耳语	14-4
cuerno *m.*	角	11-3
cueva *f.*	山洞	3-4
cuidadosamente *adv.*	小心翼翼地	1-3
cultivo *m.*	种植	15-4

D

dama *f.*	贵妇人	20-3
dañarse *prnl.*	受损害，受伤	9-2
dar con	找到	2-4
dar crédito a	相信，信任	11-5
dar cuerda	上弦	6-1
dar la lata	烦人	2-2
de oreja a oreja	嘴咧到耳根	7-5
de plano	直截了当地	19-4
de remate	不可救药地	3-2
de sobra	充足的；有余的	1-4
de sobremesa	饭后（聊天）	9-1
debilitar *tr.*	削弱	15-1
decepcionado *adj.*	失望的	2-5
declinar *intr.*	衰退，减弱	9-5
dedicación *f.*	专心致志	7-2
democracia *f.*	民主	17-5
democráticamente *adv.*	民主地	15-1
depender (de) *intr.*	取决于	1-3
depositar *tr.*	停放	16-1
deprisa *adv.*	快；赶紧	1-3
derecho *adj.*	右边的	2-1
derecho *m.*	权力	17-4
derramar *tr.*	洒出；倒出	1-1
derribarse *prnl.*	倒下	3-5
derrochar *tr.*	挥霍	20-2
derrumbar *tr.*	弄塌	3-5
desafiante *adj.*	挑衅的	20-5

desafío *m.*	挑战	9-5
desatar *tr.*	解开，松开	13-1
desatinado *adj.*	不理智的，不慎重的	11-5
desayuno *m.*	早餐	2-1
descamisado *adj.*	没穿衬衣的	17-3
descapotable *adj.*	敞篷的	4-2
descargar *tr.*	卸	1-5
descender *intr.*	下来	3-5
descendiente *m.f.*	后代	19-5
descolorido *adj.*	褪色的	14-1
descomunal *adj.*	巨大的	11-2
desconfiado *adj.*	多疑的	2-2
descuento *m.*	折扣	12-4
desdicha *f.*	倒霉	20-3
desembarcar *intr.*	上岸	4-1
desempate *m.*	打破平局	9-4
desempeñar *tr.*	担任	6-3
desencadenarse una tormenta	掀起风暴	20-5
desenterrar *tr.*	挖掘，刨	1-4
deseoso *adj.*	满怀希望的	3-3
desesperado *adj.*	绝望的	2-4
desgarbado *adj.*	难看的	3-3
desgastado *adj.*	磨损的	13-2
desgranar *tr.*	脱粒	14-2
deshacerse (de) *prnl.*	摆脱	17-1
deshacerse *prnl.*	溶化，溶解	13-2
deshecho *adj.*	弄垮的	15-5
desilusión *f.*	失望	8-1
desilusionado *adj.*	失望的	13-3
desinfectante *adj.*	消毒的	19-3
desmayado *adj.*	昏迷的	16-1
desmayado *adj.*	暗淡的	10-3
desnudo *adj.*	裸体的	6-5
despavorido *adj.*	吓坏的	2-4
despedazar *tr.*	撕碎	13-5
despejado *adj.*	神志清醒的	2-1
despistado *adj.*	心不在焉的	2-1
despistarse *prnl.*	迷糊；心不在焉	13-2
desplazar *tr.*	移动	9-2
desplegar *tr.*	展开	5-2
desprender *tr.*	散出（气味）	3-1
desternillarse de risa	捧腹大笑	7-5
destino *m.*	目的地	12-5
detallado *adj.*	详细的	12-4
detenimiento *m.*	仔细	13-5
diablo *m.*	魔鬼	1-4
diástole *f.*	舒张	19-3
dibujar *tr.*	绘画；制图	14-1
dichoso *adj.*	烦人的，讨厌的	4-5
difteria *f.*	白喉	19-2
digerir *tr.*	消化	19-4
dinero *m.*	钱	1-2
discernimiento *m.*	分辨力	17-5
discoteca *f.*	迪斯科舞厅	12-5
discreto *adj.*	谨慎的	13-2
discusión *f.*	争执，争论	1-4
disimular *tr.*	掩饰，掩盖	17-3
disparidad *f.*	不同，不一致	17-5
disputar *intr.*	争吵	8-4
distinguirse *prnl.*	区分	12-3
distribución *f.*	分配	17-5
distribuirse *prnl.*	分布；分配	15-2
dividido *adj.*	分配的	9-3
documento *m.*	文献，资料	15-3
dolencia *f.*	疾病，病痛	9-5
dolorido *adj.*	疼痛的	19-4
domador *m.*	驯兽人	13-5
doña *f.*	唐娜（对女士的尊称）	5-3
dorado *adj.*	金黄色的	3-4
dormir como un lirón	酣睡	1-1
dormitar *intr.*	打瞌睡	4-4
dulzura *f.*	温柔；甜蜜	14-1
duplicarse *prnl.*	加倍；翻番	14-5

E

ecológico *adj.*	生态的	15-4
egoísta *adj.*	自私的	7-1
El Cairo	开罗	1-5
elección *f.*	选择	20-5
elefante *m.*	大象	3-4
elegancia *f.*	考究；奢华	6-5
elevarse *prnl.*	升起，升高	20-2
embarcarse *prnl.*	上船	20-2
embarrar *tr.*	涂，抹	19-2
embravecido *adj.*	波涛汹涌的	20-5
emerger *intr.*	钻出；出现	17-4
emitir *tr.*	发出	19-5
emocionado *adj.*	激动的	6-1
empatar *tr.*	（比赛）成平局	9-4
empeño *m.*	努力	4-4
empeorar *intr.*	恶化	20-4
empezar *intr.*	开始	2-3
emplear *tr.*	使用，利用	9-5
empujón *m.*	推	16-3
en efecto	确实，果真	20-1
en esto	这时	7-1
en fin	总之	6-4
en la (mi, su) vida	从未	8-4
en seco	突然地	4-2
en tanto que	与此同时	1-4
enanito *m.*	小矮人	16-1
encaminarse *prnl.*	走向	3-1
encantado *adj.*	施了魔法的	20-2
encaprichado *adj.*	爱上了；看上了	1-4
encaramarse *prnl.*	爬上	2-4
encargado *adj.*	负责的	9-2
encolerizado *adj.*	愤怒的	1-2
enderezarse *prnl.*	扶直；整理（衣帽）	17-4
endurecerse *prnl.*	变硬	9-2

energía *f.*	力量；能量	9-5
enfermar *intr.*	得病，生病	6-1
enfrentarse *prnl.*	（比赛）对抗	9-4
enganchar *tr.*	钩住	13-5
engordar *intr.*	发胖	5-5
enloquecido *adj.*	发狂的	8-5
enredadera *f.*	攀援植物	3-4
enredarse *prnl.*	缠绕	16-3
enrevesado *adj.*	难理解的；复杂的	14-5
entrada *f.*	入口，门口	11-3
entrañas *f. pl.*	内部；深处	1-4
entrar en	算在……之内	1-5
entretenerse *prnl.*	耽搁；消遣	4-2
envenenado *adj.*	有毒的	16-1
envidia *f.*	羡慕；嫉妒	8-4
envolver *tr.*	包；裹	2-3
enzarzarse *prnl.*	陷入，卷入	11-4
epidemia *f.*	流行病	9-4
equivocación *f.*	错误	19-4
equivocarse *prnl.*	搞错	4-1
era *f.*	时代	17-5
erguido *adj.*	直立的	9-2
errante *adj.s.*	流浪的；流浪者	10-4
eructo *m.*	打嗝儿	5-5
escaldarse *prnl.*	灼痛	3-5
escándalo *m.*	风波	2-4
escarlatina *f.*	猩红热	19-2
escaso *adj.*	不多的；缺少……的	15-1
escudero *m.*	（持盾牌的）侍从	15-5
escupir *tr.*	喷出	11-1
esfera *f.*	表盘	5-3
esforzarse *prnl.*	努力，尽力	5-4
esfuerzo *m.*	气力；努力	3-5
espada *f.*	剑	5-2
espantar *tr.*	驱赶，轰走	11-4
espantoso *adj.*	可怕的	5-5
esparcirse *prnl.*	传播；扩散	9-4
especializado *adj.*	专门的；熟练的	20-1
espectáculo *m.*	景象；情景	2-3
espejo *m.*	镜子	16-1
esperanzado *adj.*	满怀希望的	1-2
espiga *f.*	（麦、谷）穗	1-4
espirar *tr.*	呼气，吐气	19-3
espléndido *adj.*	富丽堂皇的	20-3
espora *f.*	孢子	19-2
establecerse *prnl.*	生长；定居	9-4
establecimiento *m.*	设施	12-3
estafador *m.*	骗子	6-5
Estambul	伊斯坦布尔	18-4
estancia *f.*	房间；停留	12-2
estante *m.*	隔板	14-4
estar hasta las narices	非常厌烦	5-5
estirarse *prnl.*	伸，伸展	5-5
estrado *m.*	王位宝座	20-5
estratégico *adj.*	战略的	12-5
estrellado *adj.*	布满星辰的	18-1
estrellarse *prnl.*	碰撞	8-2
estrenar *tr.*	初次使用	6-5
estrepitosamente *adv.*	大声地，响亮地	8-4
estuche *m.*	匣；套子	10-3
euro *m.*	欧元	2-5
euskera *m.*	巴斯克语	15-3
evacuar *tr.*	撤离	19-5
evento *m.*	重要活动	9-4
exaltado *adj.*	激动的	1-5
excelencia *f.*	优秀；杰出	9-5
excelentísimo *adj.*	尊敬的	7-2
excepcional *adj.*	特殊的；例外的	12-3
excepto *adv.*	除……之外	15-1
excusa *f.*	借口	5-4
exhortar *tr.*	规劝；劝导	17-5
exótico *adj.*	奇异的	5-1
experimento *m.*	实验	19-2
exportar *tr.*	出口	15-4
expresar *tr.*	表达，表示	9-5
expulsar *tr.*	驱逐，逐出	8-1
exterminar *tr.*	消灭	20-4
extrañado *adj.*	吃惊的，诧异的	6-3
extrañeza *f.*	惊奇，诧异	13-4
extremo *m.*	尽头	3-2
exuberante *adj.*	繁茂的	1-4

F

facha *f.*	模样	6-4
facilitar *tr.*	提供	12-4
falso *adj.*	假的	6-5
faltar (a) *intr.*	缺席	1-2
faltar *intr.*	还差；缺少	1-5
famoso *adj.*	知名的	2-4
fantasear *intr.*	幻想	2-3
fantasía *f.*	幻想	2-3
faro *m.*	灯塔	12-5
fatiga *f.*	疲倦，疲劳	19-3
fatigado *adj.*	疲倦的，疲惫的	1-1
favorable *adj.*	适宜的，有利的	15-4
favorito *adj.*	最喜爱的	4-5
fe *f.*	相信；信仰	11-5
festejar *tr.*	庆祝	20-4
festín *m.*	盛宴	1-2
fiarse (de) *prnl.*	信任	14-3
fiel *adj.*	忠实的	7-2
fiero *adj.*	凶猛的	8-1
figura *f.*	相貌，容貌	6-4
finalista *adj.s.*	最后的；决赛者	20-5
finalizar *tr.*	结束	12-4
firmamento *m.*	苍穹	18-1
firme *adj.*	坚固的，牢固的	9-2
flacucho *adj.*	瘦的	2-1
flamenco *m.*	弗拉门戈舞	15-2
flautista *m.f.*	长笛手	20-4

flor *f.*	花	2-2
florecer *intr.*	开花	7-4
flotante *adj.*	漂浮的	2-4
folleto *m.*	小册子	12-4
fontana *f.*	泉	10-3
formalmente *adv.*	正式地	1-5
fortuna *f.*	钱财	7-5
frágil *adj.*	易碎的；脆弱的	14-4
fragmento *m.*	片段	18-4
fresa *f.*	草莓	5-5
fruncir *tr.*	撅起	5-4
frutal *adj.*	结水果的	5-1
fuente *f.*	大盘子	6-2
fulminar *tr.*	恶语伤人；（瞪眼）使屈服	17-4
furia *f.*	暴怒	2-2

G

gafas *f. pl.*	眼镜	2-4
galeón *m.*	大帆船	18-3
Galicia	加利西亚	4-3
gallego *m.*	加利西亚语	15-3
galopar *intr.*	奔跑	20-5
garrafa *f.*	细颈大玻璃瓶	18-5
garrote *m.*	棍，棒	13-1
gavilán *m.*	雀鹰	14-2
gaviota *f.*	银鸥	10-4
gelatina *f.*	明胶，动物胶	19-2
gemir *intr.*	呜呜叫	18-4
generosidad *f.*	慷慨	7-2
genético *adj.*	基因的	19-5
genio *m.*	神灵	20-2
geografía *f.*	地区；地理	12-3
germen *m.*	病菌	9-4
girar *intr.*	旋转	5-3
global *adj.*	整体的，全面的	9-2
gloria *f.*	荣耀，荣誉	15-5
glotón *adj.*	贪吃的	5-5
gnomo *m.*	小精灵	11-1
goma *f.*	橡皮筋	4-2
gordinflón *adj.*	肥胖的	14-3
gorrión *m.*	麻雀	2-3
gráfico *adj.*	图示的	14-1
gramo *m.*	克	14-5
gramófono *m.*	留声机	14-1
granero *m.*	粮仓	20-4
granizo *m.*	冰雹	7-2
granjero *m.*	农场主	11-3
gravedad *f.*	严重性	20-4
gripa *f.*	流感	9-4
grisáceo *adj.*	发灰的	3-3
grueso *adj.*	粗的	13-1
grulla *f.*	鹤	13-4
gruñón *adj.*	爱抱怨的	8-1
guante *m.*	手套	19-3
guardia *m.*	警察	4-2
guardián *m.*	保护人	2-3
guijarro *m.*	卵石，圆石	10-5
guionista de cine	电影编剧	20-1
gustosamente *adv.*	愉快地	6-5

H

habitual *adj.*	经常的	2-3
hacer caso	理会，理睬	1-3
hacerle pasar por	把他当作……	1-4
hala *interj.*	表示惊叹	13-5
hallar *tr.*	找到，发现	10-3
hámster *m.*	仓鼠	2-4
hazaña *f.*	英雄事迹	20-5
helar *tr.*	使冰冻	3-1
hereje *m.f.*	异教徒	19-1
hermosura *f.*	美妙；漂亮	6-1
herrero *m.*	铁匠	20-3
higuera *f.*	无花果树	11-5
hilo *m.*	线；丝	6-5
hipopótamo *m.*	河马	3-4
Hiroshima	广岛	19-5
hockey *m.*	冰球；曲棍球	9-4
hojuela *f.*	薄饼	16-5
holandés *adj.s.*	荷兰的；荷兰人	18-2
holgazán *adj.s.*	懒惰的；懒惰的人	19-4
holgazanear *intr.*	懒惰；游手好闲	19-4
hombro *m.*	肩膀	14-4
honda *f.*	投石器，弹弓	10-5
horizonte *m.*	地平线；视野	18-1
horno *m.*	炉子	11-2
horror *m.*	惧怕	14-4
horrorizado *adj.*	恐惧的	5-2
hostal *m.*	客栈，旅社	12-3
hostelería *f.*	饭店管理	12-2
huelga *f.*	罢工	19-4
humilde *adj.*	平凡的；卑微的	10-5
hundirse *prnl.*	陷入，没入	10-5

I

igual *adv.*	同样地	2-1
ilegal *adj.*	违法的	9-4
iluminado *adj.*	照亮的	4-4
ilustre *adj.*	尊贵的	20-3
imagen *f.*	倒影，影像	6-3
imaginativo *adj.*	有想象力的	5-4
imán *m.*	吸引力；磁铁	4-5
impaciente *adj.*	急切的	3-3
impartir *tr.*	给予；分给	9-5
impensable *adj.*	难以置信的	8-4
implantar *tr.*	实行，执行	9-4
imposición *f.*	强加	17-5
impresionable *adj.*	敏感的	8-5
impresionado *adj.*	惊奇的	2-3
impulsar *tr.*	推动	19-3
impulso *m.*	脉动；脉冲	19-3
inactivo *adj.*	不活动的	19-3
inclinado *adj.*	低下头的	2-3

incomprensible *adj.*	难以理解	3-2
indignado *adj.*	气愤的	1-5
indoeuropeo *adj.*	印欧语系的	15-3
industrial *adj.*	工业的	15-1
ineficiente *adj.*	低效的	9-5
inexistente *adj.*	不存在的	6-5
infección *f.*	感染	19-2
infectar *tr.*	使感染	9-4
influencia *f.*	影响	17-5
influenza *f.*	流行性感冒	9-4
ingenio *m.*	智慧	20-5
ingenioso *adj.*	聪明的	1-4
inmaculado *adj.*	无瑕疵的	8-4
inmerso *adj.*	陷入的；专心的	5-4
inmutarse *prnl.*	（脸）变色	13-4
inocencia *f.*	天真；单纯	18-1
inquieto *adj.*	不安的，忧虑的	8-1
Inquisición *f.*	宗教裁判所	19-1
insensible *adj.*	无感觉的	9-3
insoportable *adj.*	不能忍受的	8-1
inspirar *tr.*	吸气	19-3
instalación *f.*	设施	12-3
instante *m.*	瞬间，片刻	9-1
insulto *m.*	侮辱	1-5
insulto *m.*	辱骂；脏话	12-1
interminable *adj.*	无尽头的	3-4
internarse *prnl.*	进入，深入	13-1
interno *adj.*	内在的，内部的	8-4
interpersonal *adj.*	人际的	9-5
intervenir *intr.*	参与，干预	9-2
investigador *m.*	研究者	19-2
ira *f.*	愤怒	1-2
irregularidad *f.*	不整齐；不规则	8-4
irresistible *adj.*	不可抗拒的	4-5
irrespirable *adj.*	难以呼吸的	11-1
islote *m.*	小岛	2-4
istmo *m.*	地峡	15-1
izquierdo *adj.*	左边的	2-1

J

jarra *f.*	敞口耳罐	1-2
jarrón *m.*	大罐子	6-3
Jauja *f.*	奇妙的国度	18-3
jazmín *m.*	茉莉花	10-3
jirafa *f.*	长颈鹿	3-4
jodido *adj.*	该死的	17-4
joroba *f.*	驼峰	3-4
juez *m.*	法官	1-5
juntar *tr.*	汇集	3-4
juntar *tr.*	汇集；使连接	14-4
justiciero *adj.*	主持正义的	17-4
juzgar *tr.*	判断	17-5

K

Kenia	肯尼亚	4-5
kilómetro *m.*	公里	12-2

L

la mar de a gusto	非常高兴地	2-2
labio *m.*	嘴唇	5-4
labrador *m.*	农夫	1-4
ladera *f.*	山坡	11-1
ladrillo *m.*	砖	3-5
lago *m.*	湖	3-3
laguna *f.*	水塘	3-4
lamento *m.*	哀叹；抱怨	6-4
lanzada *f.*	（长矛的）刺杀	15-5
lápiz *m.*	铅笔	2-3
latido *m.*	搏动，跳动	19-3
latir *intr.*	（心脏）跳动	8-2
lava *f.*	熔岩	11-1
lechuga *f.*	莴苣	14-5
lechuza *f.*	猫头鹰	6-4
lengua materna	母语	15-3
lenteja *f.*	滨豆	9-1
leñador *m.*	砍柴人，樵夫	1-5
lesionar *tr.*	损伤	19-3
letal *adj.*	致命的，致死的	19-2
leve *adj.*	轻的，不重的	9-4
libreta *f.*	笔记本	5-3
ligero *adj.adv.*	快速的/地	8-2
limón *m.*	柠檬；柠檬色	2-4
lisiado *adj.*	残废的	13-1
litoral *m.*	海岸	12-3
llanto *m.*	哭泣	7-5
llovizna *f.*	毛毛雨	3-4
local *adj.*	当地的	12-1
localidad *f.*	地方	20-4
locomotor *adj.*	运动的	19-3
lona *f.*	帆布	18-4
lonja *f.*	市场	10-5
loro *m.*	鹦鹉	13-3
lotería *f.*	彩票	20-1
lucero *m.*	（较亮的）星星	10-2
lucha *f.*	搏斗；争吵	11-4
lucir *tr.*	显示，炫耀	3-4
lujo *m.*	豪华	12-2
lujoso *adj.*	豪华的；奢侈的	9-3
luna de miel	蜜月	18-3

M

madrastra *f.*	继母	16-1
madriguera *f.*	洞，穴	8-2
madurar *intr.*	成熟	1-4
magistral *adj.*	精湛的	10-3
magnífico *adj.*	极好的	1-2
mago *adj.s.*	魔法的；魔法师	9-3
maléfico *adj.*	有害的	17-5
malhadado *adj.*	不祥的	10-3
malhumorado *adj.*	情绪不好的	11-4

manada *f.*	（野兽）群	4-5
mancha *f.*	色斑	2-3
manchar *tr.*	弄脏	5-5
manejar *tr.*	掌控，掌握	14-3
manga *f.*	袖子	17-3
manía *f.*	怪癖	14-1
manivela *f.*	摇把	16-4
manotazo *m.*	（击）一巴掌	11-4
mansión *f.*	府邸	20-3
mantecoso *adj.*	多脂肪的；油腻的	18-5
manzana *f.*	苹果	2-2
maravillar *tr.*	使惊奇；令人惊异	6-3
marcado *adj.*	明显的；清楚的	15-2
marcar *tr.*	显示（时间）	5-3
marcha *f.*	行进	1-3
marfil *m.*	象牙	20-2
margarita *f.*	雏菊	7-4
más adelante	以后	3-1
mascota *f.*	吉祥物	2-4
masticar *tr.*	咀嚼	8-3
matemáticas *U.m.en pl.*	数学	11-1
mayonesa *f.*	沙拉酱	5-5
mecánico *adj.*	机械的	6-1
mediante *adv.*	通过，借助	9-5
medias suelas	鞋掌	20-3
medio *adj.*	平均的	15-1
melancolía *f.*	忧郁，悲伤	18-3
melenudo *adj.*	长毛的	13-5
melodioso *adj.*	悦耳的，动听的	10-3
melón *m.*	甜瓜，香瓜	11-2
mencionado *adj.*	提及的	7-3
mensual *adj.*	按月的	20-1
mentirosillo *m.*	撒谎的人	2-5
menú *m.*	菜单	12-1
menudo *adj.*	好一个（感叹句中）	5-3
mercancía *f.*	商品，货物	6-4
merendar *intr.*	吃午后点心	5-5
merluza *f.*	鳕鱼	18-5
mermelada *f.*	果酱	16-4
meseta *f.*	高原	15-1
metal *m.*	金属	6-1
mezclar *tr.*	混合	1-2
mezquita *f.*	清真寺	11-5
mientras *adv.*	与……同时	1-3
miga *f.*	面包屑	5-5
migaja *f.*	面包渣	19-4
milagro *m.*	奇迹	13-1
millonario *m.*	百万富翁	18-3
mina *f.*	矿场	16-1
mirador *m.*	观景台	12-5
mirar de reojo	斜着眼看	8-3
mirlo *m.*	乌鸫	5-2
mísero *adj.*	可怜的	20-3
misterioso *adj.*	神秘的	10-4
mocoso *adj.*	拖鼻涕的；年幼无知的	1-1
moda *f.*	时髦	17-3
modesto *adj.*	简朴的	12-3
modesto *adj.*	谦虚的	8-4
moho *m.*	霉，霉菌	19-2
molde *m.*	模子，模型	14-1
moler *tr.*	磨，研磨	16-4
molesto *adj.*	不高兴的	3-1
molinero *m.*	磨坊主	7-5
molinillo *m.*	小磨；手推磨	16-4
molino de viento	风力磨坊；风车	15-5
monarca *m.*	君主	20-5
monarquía constitucional	君主立宪制	15-1
moneda *f.*	硬币	1-5
monjita *f.*	修女	18-2
monstruo *m.*	怪物	2-4
montar un negocio	经营生意	20-1
morcilla *f.*	血肠	18-5
mordisco *m.*	咬，啃	13-4
motor *m.*	动力	12-5
mudo de asombro	惊讶得说不出话来	11-1
mueble *m.*	家具	5-1
multicolor *adj.*	多彩的	5-4
multitud *f.*	大量	12-5
mundial *adj.*	世界的	7-3
municipal *adj.*	城市的，市政的	4-2
murmullo *m.*	窃窃私语	20-5
músculo *m.*	肌肉	9-2
mustio *adj.*	打蔫的	1-4

N

nabo *m.*	萝卜	1-4
nacimiento *m.*	出生	3-3
Navarra	纳瓦拉	4-3
Navidad *f.*	圣诞节	6-2
navío *m.*	船；舰	18-4
negar *tr.*	否认	13-2
negarse (a) *prnl.*	拒绝	19-4
nervio *m.*	神经	8-5
nerviosismo *m.*	兴奋	7-3
neumonía *f.*	肺炎	19-2
noble *adj.*	高尚的；优秀的	16-2
no cabe ninguna duda	毫无疑问	20-1
Nochebuena *f.*	圣诞夜	6-2
nombrar *tr.*	任命	6-3
noroeste *m.*	西北	15-3
novedoso *adj.*	新奇的	12-5
nudo *m.*	结	14-3
ñu *m.*	角马	4-5

O

objetar *tr.*	反对，持异议	17-1
obligatorio *adj.*	必须的	17-2
obsequio *m.*	礼物	6-4
ocultar *tr.*	遮盖；隐藏	4-2
ocupación *f.*	工作，活计	14-2

oferta *f.* 供应 12-3
oficial *adj.* 官方的 15-3
onda *f.* 水波；波 10-4
oposición *f.* 对立 15-1
optimismo *m.* 乐观主义 8-5
ordenar *tr.* 排序；整理 2-3
orín *m.* 铁锈 10-3
oscurecer *impers.* 夜幕降临 1-4
ostentar *tr.* 显示；炫耀 12-3
otorgar *tr.* 应允；给予 11-4
ovación *f.* 欢呼 20-5
oxígeno *m.* 氧 19-3

P

pacífico *adj.* 和平的，平和的 5-2
paisaje áspero 穷山恶水 12-5
paje *m.* 随从 6-5
palabra *f. pl.* （讲的）话 1-3
palabrota *f.* 粗话，脏话 14-1
palanquita *f.* 杠杆；控制杆 4-4
palma *f.* 手，手掌 8-4
panadero *m.* 面包师 2-5
pandilla *f.* 帮，伙 11-5
pantera *f.* 豹子 3-4
panza *f.* 肚子，腹部 11-3
pañuelo *m.* 手帕 14-3
parar a 落入…… 5-5
parásito *adj.s.* 寄生的；寄生虫 9-1
parroquiano *m.* 老主顾 18-5
participar *intr.* 参与，参加 9-5
partida *f.* 宗，批 13-2
pasarse de listo 聪明过头 6-2
pastar *tr.* 放牧 14-2
pastel *m.* 蛋糕 5-5
pastelero *m.* 糕点师 2-2
patata *f.* 土豆 11-2
patear *intr.* 跺脚 5-4
patria *f.* 家乡；祖国 11-5
pavo *m.* 火鸡 6-2
pecera *f.* 鱼缸 2-4
peculiar *adj.* 特殊的，独特的 12-5
pegar un brinco 蹦起来 5-4
pegarse *prnl.* 贴近 13-5
peldaño *m.* 阶梯 14-1
pelirrojo *adj.* 红头发的 2-1
peluche *m.* 长毛绒 14-3
pendiente *m.* 耳坠 16-3
pendón *m.* 旗，幡 18-4
penicilina *f.* 青霉素（盘尼西林） 19-2
penicillium *m.* 盘尼西林 19-2
pensante *adj.* （善于）思考的 6-2
pensión *f.* 膳宿公寓；小客店 12-3
pepino *m.* 黄瓜 11-2
pera *f.* 梨子 5-3
periferia *f.* 周边，周围 15-1
periodista *m.* 记者 13-3
periquito *m.* 鹦鹉 2-4
perjudicar *tr.* 损害，伤害 6-5
permanentemente *adv.* 持久地 19-3
perplejo *adj.* 困惑的 12-5
pesado *adj.* 重的 20-2
pescador *m.* 渔夫 16-4
peso *m.* 重物；重量 13-2
petición *f.* 要求 11-1
petunia *f.* 矮牵牛 7-4
picar *tr.* 扎，刺 17-4
pícaro *adj.* 狡猾的 1-5
pícaro *m.* 无赖 6-5
pico *m.* 镐 7-4
picotazo *m.* 啄 5-2
pie *m.* 脚 2-1
pila *f.* 水池 18-5
pillar *tr.* 抓住；撞上 14-1
píloro *m.* 幽门 9-1
pinto *adj.* 花的，杂色的 10-1
pintura *f.* 颜料 14-3
pinza *f.* 夹子 14-5
pisar *tr.* 踩，踏 8-5
pizarra *f.* 黑板 5-4
plácidamente *adv.* 平静地；安详地 11-3
planear *tr.* 计划 4-3
plano *m.* 城市地图 12-4
plantar *tr.* 种植 1-4
plasta *f.* 面团 5-5
plátano *m.* 香蕉 5-5
plazo *m.* 期限 9-3
plomo *m.* 铅 19-5
poder *m.* 能力 16-2
poesía *f.* 诗 2-3
poeta *m. f.* 诗人 2-3
polizón *m.* 偷乘者 8-5
pollo *m.* 雏鸡 14-2
ponerse *prnl.* 穿；戴 2-1
popa *f.* 船尾 18-4
por accidente 偶然地 19-2
por descuido 不小心地 7-3
por el momento 暂时 2-4
por lo menos 至少 2-5
por poco 差点儿 2-1
por todo lo alto 极奢华地 1-1
Portugal 葡萄牙 4-3
portugués *m.* 葡萄牙语 4-1
posada *f.* 客店 16-2
posadero *m.* 客店主人 16-2
poseer *tr.* 拥有 6-4
positivo *adj.* 积极的；正面的 9-5
pozo *m.* 井 20-1
prado *m.* 草地，草原 14-3
precipitación *f.* 降水，降水量 15-1
precipitarse *prnl.* 跳下；钻进 1-4

predominar *intr.*	居主导地位	15-1
preferido *adj.*	喜爱的	5-5
pregonar *tr.*	叫卖	6-4
premiar *tr.*	奖赏，奖励	11-5
preocuparse *prnl.*	担心	2-5
presentarse *prnl.*	出现；到访	4-3
prestar más atención	更加注意；当心	2-1
presumido *adj.*	自负的	8-3
primer ministro	首相，总理	6-3
princesa *f.*	公主	1-1
prioridad *f.*	优先；紧迫事物	17-5
privado *adj.*	私人的	5-3
proclamado *adj.*	宣布（就任）的	6-3
proclamar *tr.*	表明；宣布	17-5
prodigioso *adj.*	奇妙的	6-1
producción *f.*	生产	7-3
productor *adj.s.*	生产的；生产者	7-3
proeza *f.*	英勇行为	11-4
profesionalidad *f.*	职业素养	12-2
prohibir *tr.*	禁止	19-1
propietario *adj.*	拥有所有权的	12-3
protesta *f.*	不满，抱怨	17-4
protestar *tr.*	抗议	1-5
provisión *f.*	粮食；储备	3-1
próximo *adj.*	下一个	1-4
prueba *f.*	考核，考试	6-3
prueba *f.*	证明，证实	15-4
puerto franco	自由港	12-5
puesta *f.*	（太阳）落山	9-3
puesto *adj.*	戴着的	3-4
pulimentado *adj.*	磨光的	8-4
pulmón *m.*	肺	19-3
pulsación *f.*	脉搏；跳动	19-3
punta *f.*	尖，尖端	11-3
puntiagudo *adj.*	尖的	20-4
pupitre *m.*	课桌	5-4
pureza *f.*	纯洁，纯洁性	17-3

Q

¡Qué barbaridad!	真可怕！	3-4
que te aproveche	请你慢用	2-2
queja *f.*	抱怨；牢骚	18-1
quejoso *adj.*	有怨言的，有牢骚的	10-3
quesería *f.*	乳酪店	7-5
quizá *adv.*	或许	4-4

R

rabadilla *f.*	（鸟类）尾部	6-2
rabioso *adj.*	愤怒的	5-4
radiación *f.*	辐射	19-5
radio *f.*	广播	20-1
raíz *f.*	根源	17-5
ramo *m.*	束（花）	17-2
rasguño *m.*	抓痕，抓伤	11-4
rastro *m.*	踪迹	2-2
rastrojo *m.*	（庄稼）茬	1-4
raya *f.*	条纹	3-4
razonable *adj.*	合理的	2-5
reacción *f.*	反应	20-5
reactor *m.*	反应堆	19-5
real *adj.*	王室的	6-1
rebanada *f.*	片	19-4
rebobinarse *prnl.*	倒带	11-1
rebuznar *intr.*	驴叫	13-2
recado *m.*	差事	19-4
rechazar *tr.*	拒绝	20-3
reclinarse *prnl.*	靠着，倚着	4-4
recolectar *tr.*	采摘；收割	1-3
reconocimiento *m.*	承认	9-5
red hotelera	饭店网	12-3
redactar *tr.*	撰写	2-3
reducido *adj.*	少的	12-3
reemprender *tr.*	继续；重新开始	1-3
reflejo *m.*	倒影；影像	3-3
Reforma *f.*	宗教改革运动	19-1
refugiarse *prnl.*	躲避	3-5
regalar *tr.*	赠予	2-4
región *f.*	地区，区域	15-2
registrar *tr.*	记载，记录	9-4
reinar el silencio	一片寂静	5-4
reírse *prnl.*	嘲笑	1-5
relamerse *prnl.*	舔（嘴唇）	8-3
relámpago *m.*	闪电	20-5
reloj *m.*	手表	4-5
relojero *m.*	钟表匠	6-1
remolcar *tr.*	牵引	13-5
remolino *m.*	旋转	8-5
Renacimiento *m.*	文艺复兴	19-1
rendimiento *m.*	收益；效益	6-2
rendir *tr.*	交出	18-4
reparto *m.*	分配	1-4
repleto *adj.*	满的	1-3
replicar *tr.*	回答	11-3
reponer *tr.*	回答	1-4
representar *tr.*	描绘；呈现	14-1
repugnante *adj.*	令人厌恶的	5-5
requesón *m.*	鲜奶酪	18-5
resistente *adj.*	坚固的	3-5
resonar *intr.*	发出轰响	20-5
resoplido *m.*	大声喘息	13-5
respetar *tr.*	遵守	1-5
respiración *f.*	呼吸	19-3
resplandecer *intr.*	发光，闪光	8-4
retintín *m.*	讥讽语气	10-3
retirarse *prnl.*	退隐；退休	16-2
revelar *tr.*	反映；泄露	12-5
reverencia *f.*	鞠躬，行礼	10-1
revisar *tr.*	查看	3-4
ricachón *m.*	阔佬	20-1
rielar *intr.*	反射	18-4

rinoceronte *m.*	犀牛	4-5
riqueza *f.*	财富	17-5
risa *f.*	笑声	2-1
románico *adj.*	罗马语族的	15-3
romper *tr.*	捏碎；击碎	11-4
rozadura *f.*	擦伤	19-3
rublo *m.*	卢布	16-5
rugir *intr.*	咆哮	3-4
rumbo *m.*	方向	4-4
ruta *f.*	路线	7-3

S

sabana *f.*	大草原	4-5
saber *intr.*	有……味道	9-3
saborear *tr.*	品尝	8-3
saco *m.*	口袋	7-3
sacudir *tr.*	摇晃	13-1
sacudirse *prnl.*	抖掉	3-1
safari *m.*	旅行	4-5
sal *f.*	盐	13-2
salado *adj.*	咸的	16-4
salir pitando	快速离开	4-5
salón *m.*	客厅	2-5
salto *m.*	跳	2-4
sandía *f.*	西瓜	11-2
sastrecillo *m.*	小裁缝	11-4
satisfacer *tr.*	使满意	1-4
seda *f.*	丝；蚕丝	10-2
segmentario *adj.*	部分的，局部的	9-2
segmento *m.*	部分	9-2
segundo *m.*	秒	13-2
sello *m.*	邮票	5-2
Semana Santa	复活节	12-5
sembrado *m.*	农作物	7-2
semejante *adj.*	相似的，类似的	8-4
sensacional *adj.*	极好的，太好了	6-5
sensible *adj.*	敏感的	8-5
seña *f.*	特征	18-2
serenamente *adv.*	冷静地	17-4
seriedad *f.*	认真；严肃	12-2
serrano *adj.*	山区的	18-1
serrarse *prnl.*	锯	20-1
serrucho *m.*	手锯	20-1
servidor *m.*	仆人	6-1
servilleta *f.*	餐巾	2-1
siembra *f.*	播种	1-4
simpatía *f.*	好感	20-5
sin duda	毫无疑问	2-4
sin fin	无尽地	10-3
sístole *f.*	收缩	19-3
soberano *m.*	君主；国王	20-5
soberbio *adj.*	狂妄自大的	20-5
sobrante *adj.*	多余的	19-3
sobresaltarse *prnl.*	大吃一惊	5-5
sobresalto *m.*	惊吓	4-4
sobrevivir *intr.*	幸存，存活	9-5
sobriedad *f.*	朴素	12-3
socarrón *adj.*	爱捉弄人的	1-4
socorro *interj.*	救命！	5-5
soga *f.*	绳子	20-5
solidaridad *f.*	团结一致	17-5
sólido *adj.*	固态的	12-1
soltar *tr.*	脱口而出	4-1
sombrío *adj.*	阴暗的；阴郁的	10-3
sonoro *adj.*	回响的；悦耳的	18-1
sonriente *adj.*	微笑的	3-3
soñar *intr.*	梦想，幻想	2-3
sorprender *tr.*	撞见	2-3
soso *adj.*	淡的，无咸味的	16-4
sostenible *adj.*	可持续的	17-5
suave *adj.*	柔和的	3-4
súbdito *m.*	臣民	8-1
subestimar *tr.*	低估	19-4
sucedido *adj.*	发生的	1-2
sucesión *f.*	继承	20-5
suceso *m.*	事件	20-4
sucesor *m.*	继承者	20-5
sueldo *m.*	工资	17-1
suelto *adj.*	无约束的；散开的	17-4
sugerencia *f.*	建议	1-5
sujetar *tr.*	束缚	18-4
sujeto a	受制于……的	15-5
sujeto *adj.*	捆扎的	14-1
superar *tr.*	通过	6-3
superficie *f.*	表面	9-4
suponer *tr.*	意味着	14-4
sur *m.*	南部，南方	5-1
surcar *tr.*	掠过，飞跃	10-2
surco *m.*	垄沟	3-2
suspender *tr.*	中断	1-2
sustancia *f.*	物质	19-2

T

tabla *f.*	木板	20-2
tablón *m.*	木板	13-2
tacaño *adj.*	吝啬的	1-2
tacón *m.*	鞋后跟	20-3
tambalearse *prnl.*	摇摆	3-3
tapa *f.*	盒盖；盖子	5-2
tapaboca *m.*	口罩	9-4
tapadera *f.*	盖子	14-1
tatarabuelo *m.*	高祖父	20-4
tejado *m.*	屋顶	3-5
tejedor *m.*	织工	6-5
tela *f.*	布料	6-5
telar *m.*	织布机	6-5
temeroso *adj.*	害怕的	6-5
temperamento *m.*	性格	9-1
templo *m.*	庙宇；神殿	11-5
temporada *f.*	季节；时期	12-3

tensar *tr.*	拉紧，绷紧	9-2
teología *f.*	神学	19-1
ternura *f.*	温柔	5-1
territorio *m.*	领土	15-1
terrón *m.*	土块，土坷垃	16-5
tierno *adj.*	嫩的；幼小的	1-1
timidez *f.*	胆怯	9-5
timón *m.*	舵	18-3
tinaja *f.*	大瓮	1-2
títere *m.*	木偶	20-1
tolerancia *f.*	宽容	17-5
tomar aliento	缓口气	17-4
tomar impulso	助跑	16-3
tomar medidas	量尺寸	6-5
tono *m.*	紧张；弹性	9-2
toparse *prnl.*	遇到	8-5
topo *m.*	鼹鼠	3-4
torcer *tr.*	改变方向	18-4
torear *tr.*	对付	1-4
torero *m.*	斗牛士	15-2
tormenta *f.*	暴风雨	10-5
torre *f.*	塔，塔楼	5-1
tos *f.*	咳嗽	9-4
tostado *adj.*	烤焦的	7-3
tradición *f.*	传统	12-3
traficante *m.*	（走私）贩子	20-2
traje *m.*	衣服	6-5
trampa *f.*	陷阱	20-2
transferir *tr.*	传递	9-5
transformación *f.*	转变，变化	17-5
tras *prep.*	在……之后	1-3
trasto *m.*	废旧物品	14-1
trato *m.*	交易	1-4
travesura *f.*	顽皮，淘气	14-4
trazar *tr.*	描画	8-4
trino *m.*	鸟鸣声	2-3
triunfador *m.*	胜利者	8-4
trola *f.*	谎言，谎话	18-3
trompa *f.*	象鼻；大鼻子	18-5
troncharse de risa	笑得直不起腰	6-4
tropezarse *prnl.*	遇到	20-3
trueno *m.*	雷鸣；轰鸣	11-2
truhán *m.*	骗子	6-5
tumbado *adj.*	躺着的	3-1
tumbarse *prnl.*	躺下	14-3
turco *adj.*	土耳其的	7-3
turismo *m.*	旅游	12-2
turnarse *prnl.*	轮流	11-2
turno *m.*	（轮到的）班，次	5-3

U

ultramarino *adj.*	海外的	10-4
Unión Soviética	苏联	19-5
un par de	一对，两个	6-5
untar *tr.*	涂；抹	2-1
uña *f.*	指甲	19-3
urna de cristal	玻璃罩	16-1

V

vaciar *tr.*	倒空	1-2
valentía *f.*	勇敢	11-4
válido *adj.*	有效的	12-4
variedad *f.*	多样性	12-3
vasco *m.*	巴斯克语	15-3
velero *m.*	帆船	18-3
veloz *adj.*	飞快的	3-2
vena *f.*	静脉	19-1
vencer *tr.*	战胜	3-4
veneno *m.*	毒物，毒药	19-2
verderol *m.*	鸟蛤	10-3
verdín *m.*	青苔	10-3
vereda *f.*	小径，小路	10-5
verja *f.*	铁栅栏	13-5
vías respiratorias	呼吸道	9-4
vid *f.*	葡萄	15-4
vídeo *m.*	录影带	11-1
vidrio *m.*	玻璃	17-4
viento en popa	一帆风顺	18-4
viña *f.*	葡萄园	15-4
violeta *adj.*	紫色的	2-3
virtud *f.*	特性	6-5
virus *m.*	病毒	9-4
viuda *f.*	寡妇	6-2
vuelta *f.*	翻转	4-3

Y

yate *m.*	游艇	18-3
yegua *f.*	母马，雌马	9-3
yogur *m.*	酸奶	5-5

Z

zambullirse *prnl.*	跳入水中	6-3
zamparse *prnl.*	狼吞虎咽	5-5
zapatilla *f.*	便鞋	2-1
zarpa *f.*	（熊）掌，爪子	8-1
zarpar *intr.*	起锚，启航	8-5
zona de exclusión	禁区	19-5
zumbido *m.*	嗡嗡声	13-5
zumo *m.*	果汁	2-1